ŒUVRES

DE MONSIEUR

LINGUET.

TOME QUATRIEME.

THÉORIE

DES

LOIX CIVILES.

NOUVELLE ÉDITION,
Revue, corrigée & augmentée.

ERUDIMINI QUI JUDICATIS.
Pfalm,

TOME SECOND.

A LONDRES,

M. DCC. LXXIV.

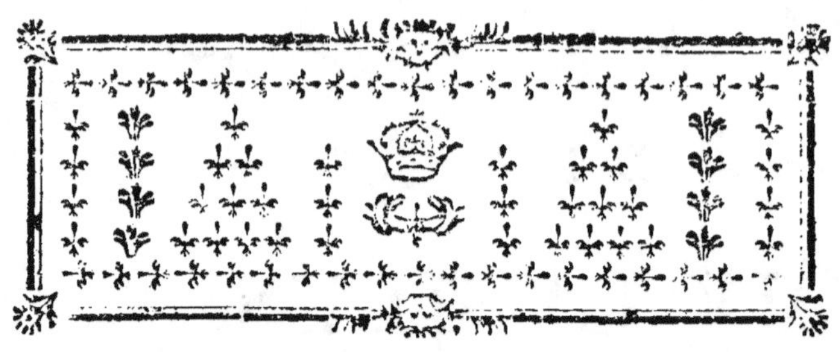

THÉORIE

DES LOIX CIVILES,

OU

PRINCIPES FONDAMENTAUX

DE LA SOCIETÉ.

LIVRE SECOND.

Du développement des loix relativement au Mariage.

CHAPITRE PREMIER.

Du Mariage, & de son institution politique.

IL ne suffisoit pas d'avoir divisé les champs & les prairies, & de leur avoir donné des maîtres. C'étoit peu que d'être parvenu à fixer autour de leurs cabanes des esclaves deſtinés à les ſervir. Les réglements faits ſur cette matiere ne concernoient que des beſoins : bientôt il en fallut faire pour mettre de l'ordre, même dans les plaiſirs.

Les uns avoient donné lieu à la dégra-dation involontaire du genre humain : les autres auroient amené ſa ruine totale. De tous ces plaiſirs, le plus vif étoit ſans contredit l'union des deux ſexes ; il dut auſſi ſe reſſentir le pre-mier de l'étrange révolution qui venoit d'arriver ſur la terre.

A l'inſtant où les hommes s'étoient trouvé plus rapprochés par l'habitude de mener une vie moins errante, l'amour avoit commencé à leur faire éprouver ſa puiſſance. Chez ces mê-mes hommes ſauvages & diſperſés, ce n'avoit été qu'une impreſſion paſſa-gere. L'eſpece y gagnoit par la re-production des êtres deſtinés à la conſerver : mais les individus n'en éprouvoient pas les douceurs. De toutes celles qu'il nous procure, ils n'en connoiſſoient qu'une, la plus eſſentielle, & pourtant la plus imparfaite. Si chez eux le deſir étoit vif, la jouiſſance étoit encore plus aveugle.

Mais parmi les hommes raſſemblés en corps & devenus ſédentaires, l'amour prit une forme plus noble, un extérieur plus ſéduiſant. L'habitude de ſe voir fit remarquer des défauts & des attraits. La beauté juſque-là n'avoit été qu'un agrément perdu. La violence & l'occaſion décidoient ſeules de ces faveurs, qui ne méritent un nom ſi doux, qu'autant qu'elles ſont volontaires & deſirées. On commença pour lors à connoître le prix de l'attente & de l'eſpérance. Les femmes apprirent à animer leurs amants par une réſiſtance ménagée, à s'embellir par des refus.

Malheureuſement il n'y a pas de biens qui ne ſoient défigurés par un mélange de maux. Ce qui n'avoit été

dans les bois qu'une effervefcence momentanée, devint auprès des champs
cultivés une paffion terrible, & la
fource de bien des crimes. L'homme
féroce cédoit aveuglément à l'impulfion de la nature. Tout s'éteignoit en
lui dès qu'elle étoit fatisfaite. Chez
l'homme policé le defir furvécut au
befoin Souvent même il le prévint.

Ce ne fut plus précifément la poffeffion de l'objet aimé qu'on recher-
cha : ce fut ce fentiment fi flatteur
qu'on appella tendreffe, inclination,
penchant. On ne fe contenta pas de
la préférence. On exigea des facrifi-
ces. On fut plus déchiré par la crainte
du partage, que flatté par le bonheur de la jouiffance. On connut les
caprices de la délicateffe, les fureurs
de la jaloufie. Plus d'une fois on vit
l'amour fanglant, les yeux en feu,
détruire dans fa rage les charmes
mêmes qui l'avoient fait naître.

La fociété alloit périr par le plus
doux des liens, fi la politique n'étoit
venue à fon fecours. Elle étendit le

joug des loix fur cette paffion in-
domptée. Si elle ne lui ôta pas tous
fes tranfports, elle parvint au moins
à les réduire au point qu'ils fuffent
rarement dangereux.

Pour cela elle mit les femmes au
nombre des biens dont elle rendit la
poffeffion exclufive. Elle cimenta une
union qui alloit lui produire de nouveaux fujets, par le même principe
qui lui avoit fait fixer la propriété des
champs, & de leurs cultivateurs. Afin
qu'on ne pût ni méconnoître les enfants à qui l'on procuroit la vie, ni fe
difputer les meres dans le fein de qui
ils la recévoient, les loix mirent des
conditions au droit que la nature a
donné à toutes les femmes de travailler à devenir fécondes, & à tous les
hommes de les aider.

On convint que les premieres n'auroient qu'une fois le pouvoir de choifir parmi les feconds celui dont elles
accepteroient les fecours. On ordon-
na que tous les autres feroient tenus
de refpecter ce choix, pendant la

vie de celui qui en feroit l'objet, ou du moins tant qu'il n'y auroit pas authentiquement renoncé.

On ne fongea pas à encourager des liaifons que la nature favorifoit affez d'elle - même, dans un temps où le luxe ne pouvoit pas les rendre onéreufes. Mais on nota d'infamie, on condamna même à des peines cruelles les filles ou les veuves qui s'expoferoient aux fuites d'un engagement, avant que de l'avoir fcellé par une déclaration authentique (*a*). Par là on enchaîna l'audace, & l'on foutint la foibleffe. Dèslors le fort des enfants fut fixé : ceux qui fe dévouoient à leur donner le jour, eurent un motif de plus pour les aimer, & pour s'aimer réciproquement eux - mêmes. Ces gages d'une tendreffe légitimée par les loix, rendirent plus vive & plus touchante l'union qui leur avoit donné le jour.

______

(*a*) Voyez le chap. 22 de ce livre.

Si la difficulté de les élever, & la crainte de les perdre, fit connoître aux parents un nouveau genre de peines, leurs embraſſements innocents, la ſatisfaction de ſe voir revivre dans une poſtérité ſoumiſe & nombreuſe, ouvrit auſſi pour eux une nouvelle ſource de plaiſirs. La mere, en les voyant ſourire entre ſes bras, oublia ce que lui avoit coûté leur naiſſance : le pere, en formant leur corps & leur ame, en les trouvant prêts à ſeconder ſes travaux, s'applaudit d'une alliance qui lui valoit des fruits ſi utiles ; & tous deux s'uniſſant pour les élever, comme ils l'avoient fait auparavant pour leur donner la vie, les fatigues mêmes de l'éducation devinrent la plus douce, la plus précieuſe récompenſe de la fécondité.

CHAPITRE II.

Comment l'esprit de propriété fit du mariage pour les femmes une servitude réelle.

LES femmes, il faut l'avouer, eurent besoin de ce sentiment profond, pour se consoler des suites qu'eut à leur égard ce nouvel ordre mis dans les productions de la nature. Elles en furent moins les objets que les victimes. Autant les législateurs avoient excédé la juste mesure dans la proportion des peines, quand il s'étoit agi de prévenir les violences, après le partage des biens : autant ils outrerent les précautions contre les ravages que pouvoit occasioner une passion plus délicate encore & plus furieuse que la cupidité. Ils s'étoient cru obligés de prodiguer le sang des hommes, pour arrêter le bras des malfaiteurs : ils s'imaginèrent qu'il n'y avoit pas d'autre moyen pour empêcher l'amour d'être nuisible, que d'ôter la liberté au sexe qui l'inspiroit.

Ils le réduisirent donc à la dépendance la plus entiere. Ils attribuèrent aux maris un domaine sans bornes sur les compagnes qu'ils se donnoient. Au lieu de les engager à chercher en elles des associées douces, complaisantes, destinées par la nature à les distraire des maux de la vie, ils les autoriserent à n'y voir que des esclaves soumises, faites pour obéir encore plus que pour plaire, & pour les indemniser, par une longue & laborieuse servitude, du prix que leur en avoit coûté la possession.

C'est une chose dure à dire, & pourtant vraie, que suivant les loix primitives les mariages ne furent de la part des hommes qu'un trafic réel. Cette union leur communiquoit une puissance illimitée sur la beauté qu'ils acquéroient : & l'emploi de cette puiſſance étoit toujours précédé par un paiement proportionné à la valeur de ce qu'ils achetoient.

C'eſt de tous les anciens uſages , celui dont il reſte le plus de traces. Les annales du genre humain les plus reſpectables & les plus reculées en ſont remplies. L'*Orient*, où les mœurs & les coutumes n'ont pas plus changé que les modes, en fournit encore aujourd'hui des preuves inconteſtables.

Quand l'intendant d'*Abraham* va demander *Rébecca* en mariage pour *Iſaac*, il part avec dix chameaux chargés de quelques parties de toutes les eſpeces de richeſſes qu'avoit ſon maître : *ex omnibus bonis ejus portans ſecum* (b). Arrivé au pays de *Bathuel*, & introduit par *Rebecca* elle-même dans la famille qu'il cherche, il fait des préſents à tout le

---

(b) *Geneſe*, chap. 24,

monde, & n'en reçoit de perſonne.
Il donne des habits, des vaſes d'or
& d'argent aux freres, à la mere, à la
jeune fille. Alors on lui dit: la voilà
devant vous, *emportez - la, & partez.*
En Rebecca *coram te eſt ; tolle eam,*
& proficiſcere.

Le mariage ainſi conclu, elle mon-
te ſur un chameau, & part ſous la
conduite du vieil *Eliézer*, comme une
marchandiſe dont on a conſommé la
vente, qu'on livre à l'acheteur, &
qu'on envoie à ſa deſtination. L'*ecri-*
ture remarque qu'en ſortant de la
maiſon paternelle, elle n'emmene
préciſément que ſa nourrice & quelques ſervantes.

Il en eſt de même quand *Jacob*
ſonge à épouſer *Rachel*. Il ne parle
point de dot, à beaucoup près. Il
commence par rendre à ſon beau-
pere de pénibles ſervices. Il paie
d'avance par ſes travaux, par ſes
fatigues, le droit de commander un
jour à la fille. L'accord du mariage,

l'espece de contrat est un véritable marché (*c*).

Laban met *Rachel* d'une part, & les services que doit lui rendre son neveu de l'autre pour équivalent. *Parce que vous êtes mon parent*, lui dit-il, *serez - vous mon domestique pour rien ? Jacob* répond, *je vous servirai sept ans pour avoir* Rachel *votre seconde fille. Soit*, réplique *Laban*, *j'aime mieux vous la donner qu'à un autre : restez chez moi*.

Malgré cet accord solemnel il ne laisse pas de le tromper le soir des noces, en substituant l'ainée à la cadette ; & pour acheter celle-ci, le patriarche est encore obligé d'aliéner sa liberté pendant sept autres années. Quand ensuite après quatorze ans de servitude, & six autres de domesticité non moins laborieuse, il se met en route pour retourner vers sa patrie, avec les deux femmes qu'il a

____

(*c*) *Genese*, chap. 29.

ſi chérement payées ; s'il ſe trouve poſſeſſeur de quelques richeſſes, ce n'eſt pas à leur famille qu'il les doit, c'eſt à la faveur du ciel, & à ſa miraculeuſe induſtrie.

Des femmes ainſi achetées devenoient une partie des effets du mari. Il avoit ſur elles le pouvoir qui ſuit d'une propriété abſolue. Le pere, en recevant le prix auquel il les avoit évaluées, ſe dépouilloit en faveur du gendre qui le lui fourniſſoit, de toute ſa puiſſance. Il lui tranſmettoit toute ſon autorité, & quoique l'aſſujettiſſement fût tempéré par la tendreſſe conjugale, il n'en étoit cependant ni moins réel, ni moins durable.

C'eſt de nos jours la même choſe dans preſque toute l'*Aſie*. Les mariages y ſont encore ſoumis aux mêmes formalités, & il en réſulte les mêmes conſéquences. La néceſſité d'acheter les femmes y ſubſiſte encore dans toute ſa force, auſſi-bien que celle de les renfermer. En recevant un époux elles paſſent dans les bras d'un maître. La coutume qui ne les autoriſe à devenir meres qu'au prix de leur liberté, eſt dans ces vaſtes contrées la plus inviolable comme la plus ancienne de toutes les loix.

Ainſi dès l'origine, les deux ſoutiens de l'union civile furent d'une part l'eſclavage de la plus grande partie des hommes, & de l'autre celui de toutes les femmes. C'eſt ſur ces fondements douloureux que s'éleva l'édifice des inſtitutions ſociales. Ce fut aux dépens des trois quarts de ſes membres que la ſociété aſſura le bonheur, l'opulence, le repos du petit nombre de propriétaires qu'elle avoit ſeuls en vue.

CHAPITRE III.

De la Poligamie; qu'elle est une suite de l'esprit de propriété.

Dès qu'une fois on eut mis les femmes au nombre des possessions dont la propriété pouvoit s'acquérir, dès qu'on se fut décidé à les considérer comme des effets précieux, mais commerçables, destinés à embellir & à peupler une maison ou une tente à la volonté du possesseur; le droit d'en avoir plusieurs, de les changer, de les multiplier à son gré, dut-être une suite infaillible & naturelle de cette façon de penser.

La propriété, concentrée dans un petit nombre de mains, produisit bientôt l'abondance; l'abondance produisit le superflu, & du superflu naquirent les échanges. L'emploi de ce superflu ne pouvoit devenir agréable, qu'autant que les échanges dont il étoit le moyen, procuroient à chaque propriétaire ce qui le flattoit le plus : or, les femmes étant dès-lors comme aujourd'hui, & même plus qu'aujourd'hui, le plus estimable des biens aux yeux de ces hommes dont le tempérament fortifié par l'exercice & la frugalité soutenue, éternisoit la vigueur ; des acquisitions multipliées en ce genre, ne devoient-elles pas être le premier but & le premier usage de l'opulence ?

Les *loix civiles* ne pouvoient ni s'y opposer, ni les restreindre. Les unes étoient le fruit nécessaire de la propriété que les autres travailloient à défendre. Celles-ci n'en pouvoient donc condamner ni l'emploi ni l'abus. C'étoient à d'autres temps, à d'autres maximes qu'il étoit réservé d'éclairer & de réformer les esprits sur cet article.

Dans cette enfance du monde & de la législation, la jouissance des loix ne s'étendit pas jusqu'à fixer à un homme le nombre de femmes qu'il pouvoit acquérir. Elle se bornoit à lui assurer la jouissance de celles qu'il avoit acquises ; & cette jouissance illimitée, que la législation ne pouvoit pas leur contester, étoit bien loin alors de pouvoir leur devenir onéreuse.

La nature, encore dans sa jeunesse, conservoit aux deux sexes les qualités par lesquelles elle avoit voulu les distinguer. L'un s'énorgueilloit de toute sa vigueur, l'autre de toute sa modestie. L'un destiné à mettre en œuvre les principes de la fécondité, avoit souvent le desir & presque toujours le pouvoir de remplir ses fonctions. L'autre consacré à la garde longue & pénible d'un dépôt précieux, évitoit dès qu'il l'avoit reçu, des complaisances qui n'auroient plus eu d'objet.

Cette retenue dont les animaux mêmes nous donnent l'exemple, est une regle inviolable à laquelle la grossiéreté des premiers instituteurs du genre humain ne dut pas songer à se souftraire. C'est le luxe qui en a dans la suite accordé la dispenfe à leurs defcendants ; c'est lui qui a appris aux hommes à donner des plaifirs ftériles, & aux femmes à les rechercher. C'est fous fa direction que les limites marquées entre les deux fexes fe font confondues, par la prétendue politeffe des fiecles plus modernes.

Alors l'avidité intempérante du plus foible s'est accrue en proportion de l'affoibliffement du plus fort. Alors ce qui devoit être l'acceffoire des unions conjugales, & un encouragement à les former, en est devenu le but & l'objet effentiel. Alors on a préféré les prérogatives du mariage aux devoirs de la maternité ; & les époux, au rifque de tourner les reffources mêmes de la nature contre fes propres ouvrages, fe font livrés fans fcrupule à des tranfports dont le moindre inconvénient est d'être infructueux.

Il n'en étoit pas ainfi dans les

premiers temps. Chaque sexe, fidele à sa vocation, en accomplissoit les engagements avec exactitude. Les femmes, après avoir rempli le but du mariage, en se prêtant à la conception de leur fruit, ne s'y conformoient pas moins en se refusant à des plaisirs qui auroient pu en retarder les progrès. Elles voyoient sans jalousie & sans inquiétude porter ailleurs des hommages qu'elles ne se croyoient plus en état de recevoir.

Les hommes de leur côté, plus occupés du soin de rendre leurs plaisirs utiles que d'en jouir, cherchoient de nouveaux objets avec qui les partager. Ils devenoient changeants sans inconstance, & dérogeoient aux droits de l'hymen par fidélité pour ses devoirs. Ils n'abandonnoient point l'épouse qui leur devoit sa fécondité : mais ils travailloient sans relâche à lui associer des compagnes, qui lui renvoyoient bientôt leurs caresses, quand elles se trouvoient elles-mêmes sujettes à l'obstacle qui l'en avoit privée.

Il étoit donc raisonnable de leur permettre d'avoir plusieurs femmes. On devoit craindre de les réduire à une oisiveté pénible, ou quelquefois coupable. Il falloit leur épargner la tentation de nuire à la fécondité par les moyens mêmes qui devoient l'entretenir. C'étoit vraiment se conformer aux vues de la nature. Son premier but est de peupler. C'est uniquement pour multiplier les hommes, qu'elle leur a donné la faculté de se reproduire dans leur postérité ; & rien ce semble n'étoit plus propre à remplir son plan dans toute son étendue, que la sage dispensation de cette faculté précieuse.

CHAPITRE IV.

De la Bâtardise. Qu'il ne pouvoit point y en avoir en Asie. A quelle époque elle a été connue ailleurs.

LE mariage n'étant de la part du mari que l'exercice de sa puissance & de celle de sa femme, qu'un acte de soumission ; les femmes & leurs fruits n'étant qu'une portion de la propriété du maître impérieux qui avoit acheté les unes & contribué à la production des autres ; il est aisé d'imaginer que cette flétrissure inconséquente & cruelle qui punit les enfants de l'incontinence des peres, ne pouvoit pas avoir lieu. La distinction odieuse entre les fils *légitimes* & les fils *naturels* (a), n'étoit pas

____

(a) N'est-il pas bien étrange que dans nos mœurs ce soit l'épithete de *naturel* qui devienne ignominieuse, & que ce qui rappelle l'idée d'un devoir établie. Tous les individus nés d'une union féconde avoient les mêmes ti-tres & les mêmes droits, comme les mêmes devoirs. Dès que le pere étoit connu, leur état étoit conſtant.

Les effets de la propriété à cet égard, quoique toujours prenant leur ſource dans la ſuprématie du mari, s'étendoient juſqu'aux femmes. Elles devenoient meres en quelque ſorte par procuration, & tenoient des loix ſociales, telles que nous venons de les développer ; ce que la nature leur refuſoit, ou ce qu'elle ne leur accor-doit pas avec aſſez d'abondance.

Vous voyez dans la *Geneſe* les fem-mes de *Jacob* ſe diſputer les honneurs de la fécondité, & ſans faire une fictive qui n'en avoit pas moins des effets réels. Elles ſe ſubſtituoient dans le lit conju-gal des filles eſclaves, dont les enfants appartenoient à la maîtreſſe qui en

rempli ne ſignifie chez nous que la violation d'une loi, & emporte une tache ineffaçable pour l'être à qui on l'applique.

avoit payé la naiſſance par le ſacrifice de ſes droits; & ces enfants reconnus comme les autres, n'en faiſoient pas moins une partie eſſentielle & conſtitutive de la famille.

Tels devoient être alors ces effets de la pureté des mœurs & de la ſimplicité des principes politiques, qui, à cet égard comme à tous les autres, ſe ſont conſervés juſqu'ici ſans altération dans toute l'*Aſie*. Si l'on a dérogé au droit factice des femmes, ſi aujourd'hui la loi ne défere point à la ſultane l'honneur de la maternité qu'une de ſes ſervantes a obtenue, c'eſt que le droit étoit en ſoi-même une choſe fort indifférente à la légiſlation, & une condeſcendance plutôt qu'une ſuite néceſſaire des éléments de la ſociété.

Ce qu'il y a d'eſſentiel, c'eſt que le domaine du chef ſoit inconteſtable dans chaque maiſon ; c'eſt que tout individu ſorti de lui, porte à la fois l'empreinte de la dépendance qui doit être un jour le fondement de ſes droits & celle des privileges qui le carectériſent : or c'eſt ce qui a lieu en *Aſie* de nos jours, comme dans les premiers temps, & par une analogie bien ſinguliere, & qu'il faut toujours faire obſerver entre ces gouvernements prétendus *deſpotiques*, & les *républiques* les plus libres ; c'eſt ce qui s'eſt obſervé à *Rome*, à *Athenes*, dans tous les états, tant qu'ils n'ont point été corrompus, ni les mœurs dégradées.

C'eſt une choſe bien étrange, que dans un livre, intitulé l'*eſprit des loix*, l'auteur ſemble s'en être fait une de méconnoître l'eſprit de preſque toutes, & de ſe méprendre, ſoit ſur les explications qu'il donne, ſoit ſur les applications qu'il en fait. Je ne parle pas de l'origine qu'il donne au mariage qu'il ſuppoſe établi pour aſſurer l'éducation des enfants, tandis qu'il ne l'a été, comme je l'ai prouvé, que pour conſolider la propriété des peres.

Mais il prétend que les bâtads légitimes

gitimes de droit, dans les pays où la polygamie est admise, c'est-à-dire, dans les gouvernements avilis par le despotisme, sont *odieux*, *sur-tout dans les républiques où il est nécessaire que les mœurs soient pures*; & cependant s'il y a jamais eu une vérité prouvée par le fait, c'est que les bâtards n'ont été proscrits dans les républiques, que quand les mœurs ont cessé d'y être pures.

C'est ainsi qu'à *Athenes*, un roi d'*Egypte* ayant fait présent au *peuple* d'une certaine quantité de bled qui devoit se distribuer par tête ; quelqu'un s'avisa de proposer de retrancher du rôle des citoyens les *bâtards* qui y avoient été inscrits jusque-là : la loi fut adoptée, & quatorze mille bâtards, en conséquence, furent chassés & vendus comme esclaves. Ce n'est assurément pas une république exempte de corruption, que celle où l'esprit d'intérêt emporte toute la nation à un tel délire.

Aristote dans sa république, *liv.* 3,

chap. 5 , obferve que dans les *dé-
mocraties*, tant qu'elles font peu nom-
breufes, les bâtards jouiffent des droits
de la cité. Or, qui ignore que, dans
ces fortes d'adminiftrations, il n'y
a que les commencements donnés à
la vertu, & qu'à peine fleuriffent-
elles, qu'elles deviennent le récep-
tacle de toutes les paffions & de tous
les vices?

A *Rome*, de même *Juftinien* avoue,
dans fa *novelle* 89 , que la loi ne
s'étoit pas occupée des bâtards
dans les premiers temps de la république : il infinue, il eft vrai, que
c'étoit par dédain & par inhumanité,
afin de rehauffer le prix de la
forte de réhabilitation qu'il feignoit
d'opérer en leur faveur. Mais il eft
clair que le motif qu'il fuppofe au
filence des anciennes loix fur cet article, eft une erreur volontaire de fa
part. L'analogie qui fe trouve entre
la condition des femmes à *Rome*,
lors de la naiffance de cet état
& celle de leurs pareilles dans

toute l'*Asie*, ne permet pas de douter que les alliances entre les deux sexes n'eussent été envisagées du même œil par les législateurs, & que du même principe, ils n'eussent tiré les mêmes conséquences.

Ce principe, nous l'avons supprimé; & cependant il en a transpiré quelque chose dans notre législation, ma'gré les efforts que la corruption moderne a multipliés pour le déguiser.

La fameuse loi *pater est*, adoptée parmi nous, plutôt par le consentement des tribunaux, que par le concours du prince, est une dérivation de cet axiome fondamental, en vertu duquel le pere étant seul la source de tous les droits dans sa famille, toutes les augmentations qui y surviennent sont censées lui appartenir: mais observez comme en *Europe* tout dégénere & se dénature.

Cette loi établie dans l'origine pour la tranquillité du pere & son honneur, est aujourd'hui à sa charge &

fouvent à fa honte. Ce n'eſt plus pour lui le caractere de la ſouveraineté, c'eſt celui de la dépendance. C'eſt une condamnation plutôt qu'un privilege, puiſqu'il eſt forcé de reconnoître non pas tous les enfants qu'il fait, mais tous ceux qu'on lui fait.

CHAPITRE V.

Que la polygamie *n'est* point un *effet* du climat.

Suivant l'*esprit des loix*, la polygamie est un fruit du climat. C'est la température du pays qui décide s'il faut donner plusieurs hommes à une seule femme, ou plusieurs femmes à un seul homme. C'est elle qui fixe la législation à cet égard, qui ouvre ou ferme les serrails, qui les bâtit ou les renverse.

On peut cependant observer que dans toutes les parties du monde, & sous l'équateur même, on a trouvé des peuples qui se contentoient d'une seule femme. On a vu au contraire la polygamie en usage dans les déserts du nord de l'*Asie*, au milieu des glaces de la *Tartarie*. Les pasteurs errants sur cette croute froide & nitreuse qui fournit à peine la nourriture à leurs

B 3

troupeaux, raſſemblent pluſieurs femmes dans leurs maiſons mobiles. Les
neiges preſque éternelles ſervent à la
fois d'aſyle à la liberté & à la polygamie que M. de *Monteſquieu* croit
incompatibles.

C'eſt à peu près la même choſe en
pluſieurs contrées de l'*Afrique*. La
polygamie y eſt peut-être encoura-
gée & répandue, depuis que la vente
des enfants eſt un des principaux
revenus des peres de famille, depuis
que des *Européens* panégyriſtes de
l'indépendance, de la philoſophie,
& de l'humanité, vont tous les ans
ſur les côtes de *Guinée* échanger du
poiſon en bariques, contre des car-
gaiſons de noirs des deux ſexes; ce
qui invite à multiplier une denrée de
ſi bon débit. Auparavant, dans cette
partie du monde, ainſi qu'ailleurs,
le nombre des unions ſe meſuroit,
non pas à l'activité du climat, mais
à la force, ou plutôt à l'opulence de
l'individu qui les contractoit.

En général, dans toute l'*Amérique*,

la *polygamie*, ou la liberté d'avoir un ferrail immenfe, étoit un droit de la couronne. *Motezuma* avoit chez lui trois mille femmes ou filles, qu'on y gardoit avec foin : on lui en cherchoit encore de tous les côtés (*a*). Mais les particuliers, c'eft-à-dire, la nation, ne jouiffoient point de ce privilege onéreux. Lui-même devoit en être plus accablé que flatté, ainfi que tous fes femblables. C'eft l'étiquette plus que leur goût, qui les aftreint à entretenir ces fingulieres efpeces de ménageries, qui multiplient leurs inquiétudes, & peut-être leurs regrets plus que leurs plaifirs.

Ces foules de femmes amoncelées fur un petit efpace, font une décoration de la royauté, & non le bonheur des rois. Elle eft pour eux un luxe embarraffant, une de ces fuper-

----

(*a*) Voyez dom *Antoine de Solis. Hiftoria de la conquifta de Mexico.*

fluités qu'on croit par tout pays néceffaires à l'éclat du trône, & qui
n'en font peut-être pas les moindres
épines. Dans plus de la moitié du
monde, en dépit du climat, les loix
ont été affez fages pour en épargner
aux fujets la fatigue & le dégoût.

Cette liberté ou cette licence s'étant
une fois entée fur les tiges du genre
humain & de la fociété, s'y eft perpétuée, au moins dans le pays où
les fouches fe font confervées. Elle a
été modifiée, dénaturée, ou même
détruite dans les tranfplantations :
mais elle fe maintient avec toute fa
force en *Afie* où elle a pris naiffance.
Elle y eft devenue une loi fondamentale, indépendante du climat, du
culte, de l'adminiftration ; indépendante du nombre plus ou moins
grand des mâles ou des femelles.
Elle y a réfifté à toutes les fecouffes
religieufes, politiques ou phyfiques,
que ces contrées ont tant de fois
éprouvées. Elle s'y eft naturalifée,
foutenue, de même que le turban

& l'habit long, & par la même raifon, par l'habitude & fa prodigieufe ancienneté.

Comment peut - on croire à l'influence du climat fur des ufages moraux, qui n'ont aucun rapport à lui,
quand on le voit formellement contredit fur toute la terre, par des ufages phyfiques, faits, ce femble, pour
refter bien davantage dans fa dépendance ? Les *Perfans*, fous un ciel fec
& brûlant, portent des turbans qui
pefent douze & quinze livres (*b*).
Les *Bafques*, au milieu des brouillards
des *Pyrénées*, ne fe coëffent que d'un
fimple réfeau. Les *Hollandois* pren-
nent plaifir à parer des plus beaux
ombrages, des promenades les mieux
couvertes, un terrein aquatique,
ufurpé fur l'*Océan*, & qu'on peut appeller le féjour de l'hiver & des frimats.
Les *Efpagnols* fur un terrein aride,
toujours defféché par un foleil ardent,

____

(*b*) Voyez les voyages de *Chardin*, tome 4,
page 151.

ne favent pas même aligner un jardin, ni fe procurer l'ombre d'une treille.

Sans doute fi le climat entroit pour quelque chofe dans la conduite des hommes, il auroit fait planter les allées fombres aux environs de *Valence* ou de *Cadix*, plutôt que fur les bords du *Texel*. S'il avoit eu quelque principe à infpirer aux habitants d'*Hifpahan*, ç'auroit été de diminuer l'épaiffeur de leurs bonnets, plutôt que de peupler leurs ferrails.

CHAPITRE VI.

De la Polygamie *en elle-même, & si elle étoit avantageuse ou nuisible à la population chez les anciens.*

PLUSIEURS écrivains ont blâmé la polygamie, comme une condescendance superflue, ou même dangereuse pour les passions. M. le P. de *Montesquieu* dit *qu'elle n'est point utile au genre humain, ni à aucun des sexes, soit à celui qui abuse, soit à celui dont on abuse* (a).

D'autres ont été plus loin. Ils ont prétendu que la défense de multiplier les femmes pour le service d'un seul homme, étoit plus favorable à la population, que la liberté contraire. Ils n'ont pas craint de soutenir qu'en

_____

(a) *Esprit des loix*, liv. 16, chap. 6.

B 6

fanctifiant l'union conjugale elle la rendoit plus avantageufe à la fociété, & que la maniere la plus fûre d'engager un homme à fe donner un grand nombre de fucceffeurs, c'étoit de le fixer jufqu'à la mort auprès d'une feule femme.

Pour le prouver ils ont jeté les yeux fur l'*Afie*. Ils ont effrayé l'imagination par le fpectacle des ferrails, des eunuques qui couvrent & défigurent cette partie du monde. Ils ont parlé de ces lieux où la nature efclave ou mutilée ne fubfifte dans un feul objet que pour le malheur de tous ceux qui l'entourent, où la mort regne avec empire fur des charmes faits pour donner la vie, où la privation eft un fujet de défefpoir, & la jouiffance un acte de defpotifme ou de fervitude.

En cela ils ont raifon. La polygamie ainfi dégradée devient réellement deftructive : mais ce n'eft point par elle - même qu'elle produit cet effet funefte ; c'eft par les acceffoires odieux qu'y ajoute le raffinement des paſſions. Ce n'eſt point parce qu'un *Muſulman* a pluſieurs femmes, que l'*Aſie* ſe dépeuple ; c'eſt à cauſe du cortege qu'il croit devoir leur donner pour ſa tranquillité, pour mettre à couvert ce qu'il appelle ſon honneur, & qui n'eſt en effet que ſon impuiſſance.

Voilà ce qui fait à la population un tort réel & irréparable. En vain le poſſeſſeur d'un ſerrail fait tous ſes efforts pour ſe donner une poſtérité nombreuſe. L'hommage impérieux qu'il y rend à la beauté, ne répare point les injuſtices qu'il y fait à la nature.

Tant d'eſclaves des deux ſexes condamnés à une ſtérilité perpétuelle ; tant d'hommes réduits à n'être plus ſur la terre que des ombres effrayantes ; tant de filles conſacrées à partager l'eſclavage de leurs maîtreſſes, ſans avoir jamais l'eſpérance d'en partager le foible prix : voilà le véritable écueil de la population en *Aſie*.

voilà ce qui fait qu'elle trouve son tombeau dans ces harems voluptueux où le bonheur ne se montre jamais que sous l'air de la contrainte, où les plaisirs sont une dette pour celles qui les donnent, & souvent un embarras pour ceux qui les reçoivent.

Dans les premiers temps, au contraire, la polygamie n'étoit ni une occasion de gêne pour les unes, ni un fardeau accablant pour les autres. On ne connoissoit pas encore ces précautions odieuses qui font de la fidélité une vertu forcée, & qui en imposant des devoirs pénibles ne laissent pas même le mérite qu'il y auroit à les remplir.

Les femmes devenoient pour un mari des compagnes aussi chastes que soumises. Elles partageoient avec lui les travaux domestiques, & l'éducation de la famille. Toute leur ambition se bornoit à la gouverner & à l'augmenter. Elles n'avoient pas besoin pour cela de recourir à des secours étrangers.

D'un côté, quoiqu'elles fuſſent pluſieurs, leur nombre n'étoit jamais
exceſſif. De l'autre, comme nous
l'avons dit, une vie frugale, labo-
rieuſe prolongeoit preſque juſqu'à la
décrépitude la jeuneſſe des hommes:
ils conſervoient par conſéquent toujours dans l'eſprit de leurs femmes la
puiſſance & l'autorité qui leur étoit
due. Ils n'étoient jamais tentés d'employer des moyens violents pour s'en
faire reſpecter.

CHAPITRE VII.

Que la polygamie ne néceſſite point la clóture des femmes, & qu'elle n'eſt pas incompatible, à beaucoup près, avec des meres auſteres.

CEPENDANT, ſuivant M. de Monteſquieu (*a*), dans les pays où regne la polygamie, *au lieu de préceptes il faut des verrous ..... l'ordre domeſtique le demande ainſi.* Un débiteur inſolvable cherche à ſe mettre à couvert des pourſuites de ſes créanciers. La plaiſanterie ſans doute eſt excellente : mais eſt - elle fondée ? n'eſt-elle pas démentie par la nature & l'expérience ? Les hiſtoires anciennes & modernes ne ſont-elles pas remplies de

____

(*a*) *Eſprit des loix,* liv. 16, chap. 8.

créancieres affez indulgentes, affez défintéreffées, non-feulement pour accorder du temps à leur débiteur, mais pour faire même gratuitement le tranfport de la dette en d'autres mains ?

On voit dans la *Genefe*, comme je viens de l'obferver, que les femmes des patriarches faifoient avec plaifir de leurs fervantes leurs rivales. Celles-ci devenoient meres à la follicitation de leurs propres maîtreffes, qui les préfentoient elles-mêmes à leurs maris. Les époufes ftériles, & fouvent celles qui ne l'étoient pas, fe réjouiffoient de la fécondité de leurs efclaves. Elles s'empreffoient d'en profiter : elles s'en approprioient les fruits. Regardant le confentement qu'elles donnoient à leur naiffance, comme une image très-reffemblante de la tendreffe maternelle, elles ne mettoient aucune différence entre eux & ceux qui avoient été conçus dans leur propre fein. Elles fe croyoient dédommagées par les careffes innocentes de ces enfants, de celles dont elles avoient fait le sacrifice pour leur procurer la vie.

Ce ne sont pas seulement les femmes des patriarches qui ont été capables de cette force d'esprit. Au rapport de nos missionnaires, comme on l'a vu, l'exemple s'en renouvelle encore tous les jours dans un grand empire. Les Chinoises ne sont pas moins maîtresses d'elles-mêmes, & de leurs sentiments dans un cas pareil.

On peut dire même qu'il y a de leur part plus de courage, plus de grandeur d'ame, à adopter ainsi les enfants de leurs servantes, à souffrir qu'on leur épargne les préliminaires de la maternité, dont on ne leur laisse que les honneurs. Les rivales subalternes qu'on admet à les substituer dans des fonctions si intéressantes, ne sont pas de leur choix. Elles en seroient par conséquent plus autorisées à se plaindre de cette infidélité de leurs maris : elles en auroient plus de droit de regarder leur inconstance comme un libertinage odieux.

C'est cependant ce qu'elles ne font pas. Elles reçoivent sans répugnance des mains de la loi les enfants que la nature ne leur a point donnés. Elles chérissent en eux le pere à qui elles sont liées par un serment solemnel. Elles mettent leur orgueil & leur plaisir à se voir à la tête d'une nombreuse famille. Au lieu d'éclater avec amertume contre une usurpation qui choque leurs droits effectifs, elles se contentent de la punir en s'en réservant les fruits, comme ces propriétaires sages, qui laissent paisiblement un étranger bâtir sur leurs fonds, sachant bien que l'edifice quand il sera fini, ne peut manquer de leur être adjugé.

Cette façon de penser & d'agir, si contraire au langage ordinaire des passions, est plus facile à introduire qu'on ne le croit. Si la coutume a pu amener les femmes à se brûler volontairement fur le cadavre d'un mari mort, feroit-il donc impoffible de les engager à tolérer fans aigreur le partage d'un mari vivant ?

Elles font en général plus fufceptibles que les hommes des impreffions qu'on veut leur donner. Elles font plus attachées à leurs devoirs, même à ceux que l'opinion leur a faits. Que l'opinion donc leur perfuade qu'elles ne font pas deftinées à jouir feules des careffes d'un époux, & on les verra fouffrir en paix la concurrence de plufieurs rivales.

C'eft aux mœurs, il eft vrai, à opérer ce prodige. Il ne peut avoir lieu que dans une nation généralement vertueufe. Il n'eft poffible que chez un peuple laborieux, occupé, où l'oifiveté foit profcrite pour les deux fexes ; où la molleffe ne foit pas un titre de diftinction ; où l'on ne voie point la jeuneffe la plus qualifiée, ne fe livrer qu'à des amufements frivoles, ou à une activité coupable, fe faire un jeu de féduire la vertu, &

une gloire de corrompre l'innocence ; où la premiere leçon qu'on donne aux femmes foit, non de chercher des plaifirs bruyants & publics
qui ne les honorent pas, & en né-
ceffitent bientôt de plus fecrets qui
les déshonorent ; mais de fe plaire
dans la retraite, d'y cacher fans regret des charmes faits pour l'embellir, & qui ne peuvent être loués
innocemment que par un mari, d'y
faire confifter leur bonheur à bien
régler l'intérieur de la famille, à recevoir les marques de l'amour du pere, & du tendre refpect des enfants,
à entretenir la paix dans cette petite
monarchie, à être perpétuellement
les médiatrices entre le maître & les
fujets ; enfin à y jouir, fans remords,
de l'empire le plus étendu que puiffent donner la beauté & la recon-
noiffance.

Chez un peuple ainfi conftitué,
qu'on ne craigne pas que la polygamie puiffe devenir dangereufe ; il eft
fûr que tant qu'elle a été ainfi con-

tenue dans de juſtes bornes, elle n'a
pu être qu'utile au genre humain. Si
depuis on a jugé à propos de l'abo-
lir, ce n'eſt pas qu'elle ſoit préjudiciable en elle-même. C'eſt ſans doute
parce que notre corruption n'auroit
pu ſupporter un état qui exige une
ſimplicité de mœurs dont nous ſom-
mes fort éloignés : c'eſt que la pluralité des femmes cauſeroit plus d'a-
bus parmi nous qu'elle n'a jamais fait
de bien chez nos ancêtres.

CHAPITRE VIII.

Du divorce ou de la répudiation (a).
Que c'est aussi une suite de l'esprit de
propriété.

SI c'est à l'esprit de propriété qu'il
faut rapporter la légitimation originelle de la polygamie, c'est à lui qu'il
faut aussi faire remonter l'institution
du divorce. De ces deux especes de
droits, l'une autorisit les maris à
multiplier leurs acquisitions, l'autre
leur permettoit de s'en défaire quand
elles cessoient de leur convenir. Toutes deux partoient du même principe, du domaine absolu attribué au
propriétaire sur tous les objets qui

______

(*a*) Sur le sens de ces deux mots, voyez le chapitre II de ce livre.

fixoient fes defirs , & dont il pouvoit fe procurer la poffeffion.

Il y a beaucoup de nations qui fe
font contentées de ce préfervatif contre le dégoût qui pouvoit naître d'un
lien difproportionné & trop durable.
Plufieurs peuples en ont préféré l'ufage à celui de la polygamie, dont il
eft en effet la compenfation. Chez eux
en donnant la permiffion de s'unir
quand on fe plaifoit, on y joignoit
l'efpoir confolant de pouvoir fe quitter quand on ne fe plairoit plus. Les
chaînes dont on chargeoit deux époux
étoient de nature à fe rompre aifé-
ment à la premiere fecouffe : & cette
facilité difpenfoit d'avoir recours à
des ferrails : car le droit de changer
de femmes eft prefque équivalent à
celui d'en avoir plufieurs.

Peut-être même le premier avoit-il
quelque chofe de plus commode. Il
donnoit les plaifirs de la variété, fans
accabler par l'embarras du nombre.
Il n'offroit qu'un feul objet aux em-
preffements d'un mari : mais c'étoit

toujours

toujours celui qu'il aimoit. Ses attentions n'étant point partagées en devenoient plus tendres. Sa femme étant fûre de n'avoir point à craindre de rivales, en restoit plus aisément fidelle. De cela même il résulte que la polygamie pour être utile exigeoit plus de vertu chez les peuples qui l'adoptoient, & que le divorce étoit préférable pour ceux dont les mœurs tendoient à se corrompre.

Mais dans les commencements tous deux eurent lieu sans inconvénients. Ils étoient même nécessaires dans la position où se trouvoit la société. De même que les loix civiles, à peine dégrossies & portant encore sur un seul objet, ne pouvoient interdire à un homme opulent la faculté de réaliser son superflu, en garnissant ses tentes ou sa cabane d'un certain nombre d'épouses, elles ne pouvoient non plus lui désigner celles qu'il devoit garder, ni lui ôter le privi'ege de les renvoyer quand la satiété lui en faisoit naître le desir. En con-

tractant le marché ou en le rom-
pant, il usoit de son bien ; il se
conformoit aux loix, ou plutôt les
loix étoient forcées de se conformer
à ses caprices.

CHAPITRE IX.

Que le divorce étoit presque aussi préjudiciable à la liberté des femmes que la polygamie.

ON ne sauroit songer sans étonnement à la dureté prodigieuse que ce principe fit transpirer dans toutes les législations primitives. Par-tout il nécessitoit l'oubli des droits des trois quarts du genre humain. Il paroissoit ne rassembler les hommes que pour donner plus de facilité à les asservir. Il ne fixoit en apparence l'état des femmes, que pour le faire dépendre des fantaisies du maître qu'il leur donnoit. Au lieu de ménager la foiblesse de leur sexe, il apprenoit à se jouer de leurs personnes. De toutes les prérogatives qu'elles tenoient de la nature, il ne leur laissoit presque que celles dont l'usage leur étoit commun avec le mari, & dont il ne pouvoit les priver, sans renoncer à en jouir lui-même.

Nous avons vu la justesse de cette remarque se développer au sujet de la polygamie. Elle ne se manifeste pas avec moins d'évidence dans les dispositions qui réglerent originairement les formalités du divorce. Elles sont chez tous les peuples de la plus haute antiquité. On les trouve consacrées dans les premieres loix écrites qui nous sont connues, & par-tout c'est aux hommes seuls qu'appartient le droit exclusif de provoquer la [séparation. Par-tout les femmes sont exposées à se voir repoussées avec insulte des bras d'un mari, comme elles y avoient été appellées, c'est-à-dire, sans égard pour leur goût, ni pour leurs inclinations. C'est une vérité dont l'histoire offre mille exemples.

On a déjà vu la conduite que tinrent à cet égard les brigands réunis en corps dans la premiere enceinte de *Rome*. Après s'être procuré des femmes par l'exercie de leur ancien métier , ils fe réferverent le pouvoir de congédier légalement ces malheureufes qu'ils s'étoient affujetties par la violence. Ils voulurent avoir la puiffance de fignifier une répudiation , & ne pas courir le rifque d'en recevoir. Le légiflateur, dans celle de leurs loix qui nous refte fur cet objet, a uniquement en vue leur repos , & c'eft au foin de l'affurer qu'il facrifie les égards dus à celui de l'autre fexe (*a*).

C'eft la même chofe dans les loix de *Moïfe*. En autorifant la diffolution d'un mariage il en rend le mari l'arbitre unique , & lui donne même le droit de la confommer fans autres préliminaires que fa volonté. *Si un homme*, dit-il, (*b*) *a pris une femme , & qu'il ait vécu avec elle , & qu'elle n'ait pas trouvé grace devant fes yeux*

____

(*a*) Voyez les loix de *Romulus*, fur le divorce, *Hiftoire de la jurifprudence Romaine.*

(*b*) *Deuter.* chap. 24, v. 1.

pour quelque défaut (c), il dreſſera un acte de repudiation , & il le lui mettra dans la main, & il la renverra de ſa maiſon.

On voit quel deſpotiſme introduiſoient les loix *Hebraïques* dans l'adminiſtration intérieure des familles. Elles livroient , ainſi que les loix *Romaines*, les femmes entiérement à la diſcrétion du mari. Les premieres pouſſoient même la rigueur bien plus loin que les ſecondes. Celles-ci n'interdiſoient point la faculté de renouer des nœuds une fois rompus. Quoiqu'il ne nous reſte pas de monuments précis de cette tolérance, l'exemple de *Caton*, cité par les anciens hiſtoriens, ſuffit pour en confirmer l'idée.

Après avoir, dit-on, répudié ſa femme par complaiſance pour un ami, il la reprit à la mort de cet ami, & ne fut blâmé de perſonne. Un homme du rang, & ſur-tout du

______

(c) Le texte porte : *Propter aliquam fœditatem.*

caractere de *Caton*, n'auroit pas voulu sans doute blesser si ouvertement les loix, si elles avoient attaché au divorce plus de solidité qu'au mariage, & qu'en permettant de se séparer, elles eussent défendu de se rejoindre.

Mais chez les *Juifs* la défense étoit authentique ainsi que la permission. *Si la femme répudiée*, est-il dit au même endroit du *Deutéronome*, *a épousé un autre mari, & qu'elle lui soit aussi devenue odieuse, & qu'il lui ait donné un acte de divorce, & qu'il l'ait renvoyée de sa maison, ou seulement qu'il soit mort, le premier mari ne pourra la reprendre pour sa femme, parce qu'elle est souillée, & devenue abominable devant le seigneur* (d).

Une loi si rigoureuse rendoit bien délicate la situation des femmes chez les *Hébreux*. Elle tendoit sans doute à leur faire appréhender de donner lieu

____

(d) Même chap. du *Deuter.* v. 2.

même à un premier divorce dans la crainte du déshonneur qui étoit infailliblement attaché à un second. Son but étoit de les entretenir dans la soumission ; mais son principe ne pouvoit être que cet esprit de propriété, qui, après avoir motivé toutes les premieres loix , transpiroit imperceptiblement jusque dans celles mêmes qui en étoient la correction.

L'Esprit saint inspiroit *Moïse* ; mais rien ne nous empêche de croire que dans les objets qui se bornoient à la police purement temporelle dans les choses où l'ordre étoit suffisamment établi par les lumieres humaines , ce législateur se conformoit pour les établissements qu'il donnoit à son peuple, aux maximes qu'il avoit vu suivre en *Egypte* , ou qui s'étoient conservées par tradition dans la famille de *Jacob*. Or, l'esprit de propriété & ses réglements se trouvoient dans ce cas. La même raison qui avoit fait adopter aux patriarches la polygamie , à l'exemple des nations qui les environnoient , pouvoit aussi porter leurs descendants à imiter, dans leurs constitutions relatives au divorce , l'usage des *Egyptiens* avec qui ils avoient vécu si long-temps.

CHAPITRE X.

Examen d'une prétendue coutume des Egyptiens qui semble contredire ce qui précede.

SI cette idée qui ne manque pas de probabilité étoit reçue, si l'on pouvoit se persuader que la police des *Juifs* en cette matiere eut quelque rapport avec celle de leurs anciens maîtres, il en résulteroit un argument frappant contre une des plus fortes absurdités qu'on ait attribuées aux constructeurs des pyramides. Un historien s'est avisé de nous dire sérieusement que sur le bord du *Nil* les femmes étoient maîtresses absolues dans la maison, & que par le contrat de mariage l'époux s'obligeoit de leur obéir avec la soumission la plus aveugle.

Un pareil engagement, comme le

remarque M. de *Montesquieu* (*a*), eſt contre la nature & contre la raiſon : mais il devoit auſſi ajouter, ce me ſemble, que ce qui eſt contre la nature & contre la raiſon, ne peut guere ſubſiſter. L'eſpece de déférence que l'on doit au témoignage du ſeul *Diodore de Sicile* n'eſt pas aſſez preſſante, pour que l'on ſoit obligé de croire ſans examen ſur ſa parole une coutume ſi abſurde & ſi révoltante. Elle choque tous les principes, tous les uſages qui ſont le fondement de la ſociété, & que l'on retrouve affermis chez les anciens peuples en raiſon de leur antiquité. Si la démence que l'on attribue aux riverains du *Nil* étoit vraie, ce ſeroit la ſeule nation ancienne qui en auroit été capable.

Tacite raconte bien que les *Germains* ſe laiſſoient conduire par des femmes, & qu'ils croyoient appercevoir en elles quelque choſe de divin. Mais ces

______

(*a*) *Eſprit des loix*, liv. 7, chap. 17.

femmes étoient des prophétesses, des enthousiastes, qui devoient leur pouvoir, non pas à une supériorité reconnue dans leur sexe, mais à une inspiration particuliere du ciel dont on les croyoit favorisées.

C'est ainsi qu'à *Delphes* la *Pythie* avoit le privilege exclusif de monter sur le trépied sacré (*b*), & d'y rece-

___

(*b*) Remarquons en passant que de toutes les histoires, ou fables de l'antiquité, il n'y en a pas de plus généralement reçue que celle de la *Pythie*, & de son droit de monter sur le trépied. Cependant *Plutarque*, au nom duquel on joint presque toujours celui de judicieux, dément en termes précis cette anecdote. Voyez son traité sur la signification du mot *«*. Il y dit qu'à *Delphes il n'est pas permis à une femme, quelle qu'elle soit, d'approcher de l'oracle.* Il est vrai qu'ailleurs ils convient de l'existence de la *Pythie*, & de son ministere. Il avoue que des femmes seules avoient le droit de rendre les oracles sur le trépied. Comme un pauvre moderne seroit traité par les critiques, s'il se permettoit par mégarde quelque contradiction même plus légere ! mais c'est un beau bouclier que quinze siecles d'antiquité. *Plutarque*, malgré les contradictions, les absurdites dont il est rempli, n'en sera pas moins jusqu'à la fin des siecles le judicieux *Plutarque*.

voir les célebres vapeurs qui s'exhaloient d'un trou myftérieux, & lui dévoiloient l'avenir. Cependant en *Grece* les femmes, fans être précifément efclaves, vivoient dans la plus grande retraite. Les mœurs les condamnoient à une efpece de prifon involontaire, & l'honneur qu'avoit leur fexe de fournir des miniftres à *Delphes* & en d'autres lieux, ne lui communiquoit pas de prérogatives plus étendues.

Celle dont il jouiffoit, dit-on, univerfellement en *Egypte* feroit fans exemple fur la terre. Elle paroîtroit encore bien plus choquante, fi le code *Egyptien* avoit été le modele de celui des *Hebreux* fur l'objet qui nous occupe, fi ces maris fi dociles avoient les premiers donné aux enfants d'*Ifraël* l'exemple de mettre à la porte leurs maîtreffes prétendues.

Tous ces anciens hiftoriens font fi pleins de contradictions & d'erreurs, qu'il n'eft pas poffible de hafarder un mot d'après eux fans trembler. Qui croiroit que ce même *Diodore de Sicile*, après avoir préſenté les femmes *Egytiennes* dans leurs ménages comme des reines ſur leur trône, nous apprenne en même temps qu'il étoit permis aux enfants de leur manquer de reſpect, & que ceux-ci n'étoient tenus à marquer de la vénération qu'à leur pere, *attendu*, dit ce profond phyſicien, *que c'eſt lui qui eſt le véritable auteur de leur naiſſance, & que la mere ne fournit à l'embrion que le gîte & la nourriture (c)* ?

Ce dernier paſſage ſeroit bien plus conforme que le premier à l'idée que nous devons, à ce que je crois, nous former de la maniere dont agiſſoient les *Egyptiens* envers leurs femmes. Mais je ne crois pas devoir diſſimuler que, de même que les commentateurs ſe ſont prévalus du premier, quand

---

(c) Υπολη φασι τον πατερα μονον αιτιον ειναι της γενεσεως, την δε μητερα τροφην κ' χωραν παρεχεσθαι τω βρεφει. Diod. Sic. cap. 20.

ils ont expliqué le chapitre où il se trouve, ils ont aussi donné carriere à leurs réflexions au sujet du second, quand ils ont eu le bonheur de le rencontrer.

Tandis que les uns louoient la galanterie respectueuse des habitants de Memphis, d'autres s'élevoient hautement contre leur ingratitude envers le beau sexe à qui ils devoient le jour. Le célebre *le Clerc* entre autres a prétendu que *Moïse* dans le précepte du *Decalogue* où il recommande d'honorer les peres & les meres, ainsi qu'en beaucoup d'autres endroits du *Pentateuque*, s'est proposé de faire une critique indirecte des mauvaises coutumes de l'*Egypte* (*d*).

C'est ce qu'il est impossible & très-inutile de vérifier. Ce qui me paroît clair & intéressant, c'est de fixer en quelque sorte la généalogie du divor-

____

(*d*) Voyez le commentaire de *le Clerc* sur l'exode, chap. 20, v. 12.

ce, c'eſt d'en faire voir l'origine avec évidence. Or, cette origine ne peut être que l'eſprit de propriété qui, s'étant une fois emparé des hommes, & étant devenu parmi eux le fondement de la ſociété, a forcé les légiſlateurs de lui aſſurer la plus libre indépendance, dans les réglements mêmes qui paroiſſoient deſtinés à le reſtreindre.

CHAPITRE XI.

Des modifications qui furent apportées au divorce, sans en anéantir l'esprit.

LE divorce, ainsi laissé à la discrétion du mari seul, étoit beaucoup plus dur pour les femmes que la polygamie. L'une les réduisoit à partager les droits du mariage : l'autre tendoit à les en priver entiérement. L'une ne faisoit que leur donner des compagnes : l'autre leur ôtoit un mari, & les exposoit même à n'en point retrouver.

La répudiation laissoit toujours quelque tache sur leur honneur. Il étoit difficile de penser que le premier époux eût pu se résoudre à la séparation, si quelque défaut de l'esprit ou du corps ne l'avoit rendu nécessaire. Par une triste fatalité leurs agrémens mêmes devoient fortifier

les foupçons, & écarter ceux qui auroient pu être tentés de réparer leur
perte. Plus une femme étoit jolie,
plus les fecondes noces devoient lui
devenir difficiles. Comment fe perfua-
der que les charmes de fa figure n'é-
toient point effacés par quelque im-
perfection fecrete, quand on la voyoit
honteufement chaffée par l'époux
même qu'ils avoient d'abord féduit ?
& à qui pouvoit-on s'en rapporter
plus fûrement à cet égard, qu'à celui
qui en avoit fait l'effai ?

Ce feroit bien pis, s'il falloit adopter l'explication que donnent plufieurs jurifconfultes à ce terrible paffage du *Deutéronome* que nous avons
cité dans le chapitre précédent. Suivant eux la permiffion de fe jeter
entre les bras d'un nouveau mari, qui
femble accordée par le fecond verfet,
eft une tolérance entiérement défap-
prouvée par le troifieme. Ces mots,
*parce qu'elle eft fouillée, & qu'elle eft
devenue abominable devant le Seigneur,*
atteftent, difent-ils, l'indiffolubilité

du premier lien, & prononcent une proscription solemnelle contre toute femme qui a mis son mari dans le cas de s'y souftraire.

Ce n'eft pas ici le lieu de difcuter cette interprétation rigoureufe, dont nous avons entendu de nos jours retentir les tribunaux. Quelque juftesse qu'elle ait pu avoir parmi les *Hébreux*, & parmi nous, il eft fûr qu'elle ne fut pas reçue chez les autres peuples. Tous, fans excepter les premiers chrétiens, regarderent le divorce comme une diffolution entiere du nœud conjugal. Ils ne fuppoferent point qu'il pût apporter d'autre obftacle à un nouvel engagement que les craintes & la défiance excufable du fecond mari.

Peu à peu la rigidité exclufive qui l'attribuoit à un fexe s'adoucit en faveur de l'autre. Les femmes furent admifes à partager le pouvoir de demander la féparation ; on leur communiqua le droit de fe pourvoir contre un lien dont elles partageoient la pe-

fanteur. Elles jouirent de ce privilege
même chez les nations qui conferve-
rent la polygamie : mais il ne faut pas
croire que cette condefcendance équitable fût pour elles le gage d'une entiere liberté , ni qu'elle dérogeât plei-
nement à cet efprit de propriété , qui,
dès le commencement , leur avoit im-
pofé des obligations fi onéreufes. Dans
les adouciffements dont on ufoit à leur
égard , on remarque des traces de rigueur : on les traitoit encore avec dureté , lors même qu'on leur montroit
plus de complaifance.

CHAPITRE XII.

Premier obstacle mis à la liberté accordée aux femmes de provoquer le divorce.

EN permettant aux femmes de répudier leurs maris, on établit qu'elles ne pourroient acheter l'exercice de ce droit auquel on sembloit les associer à regret, que par le sacrifice de leur douaire. Le mari étoit obligé de le payer, quand la répudiation venoit de sa part ; mais quand elle lui étoit signifiée par la femme, il ne devoit rien.

Telle est encore aujourd'hui sur cette matiere la jurisprudence de tous les *Orientaux* (a). Telles sont les maximes reçues dans ces vastes con-

____

(a) Voyez *Chardin, Ricault,* & les autres voyageurs qui ont parlé de l'*Orient.*

trées, où, comme je l'ai déjà observé, les loix font immuables ainſi que les coutumes. Le *mahométiſme* qui y domine n'y a rien changé. Il a fait quelques innovations dans le culte, mais il s'eſt conformé à tous les principes de l'adminiſtration civile. Il a conſacré ſur-tout celui dont nous parlons.

C'eſt une maniere indirecte de rétracter le bienfait qu'on ſembloit accorder aux femmes. C'étoit mettre un prix à la permiſſion dont on les avantageoit. C'étoit affermir la liberté du mari, qui, meme en ſe débarraſſant des conventions matrimoniales, ne ſe trouvoit obligé qu'à payer ce qu'il auroit dû, dans le cas où elles auroient ſubſiſté, au lieu qu'en ne déférant aux femmes la jouiſſance de la même prérogative, qu'aux dépens de leur propre ſubſiſtance, c'étoit les mettre dans le cas d'en oſer profiter rarement. Elles ne pouvoient échapper aux perſécutions qui la leur rendoient précieuſe, qu'en abandonnant tous leurs

autres droits , comme des brebis laiſ-
ſent leur toiſon dans des épines qu'elles
veulent franchir pour ſe dérober à la
pourſuite d'un loup.

Cette loi, comme le remarque judi-
cieuſement *Chardin* (*b*) , prod iſoit
un inconvénient preſque inévitable, &
qui n'eſt que trop ſenſible dans les pays
où elle ſubſiſte. *C'eſt qu'un mari inté-*
reſſé, qui veut ſe défaire de ſa femme, ſans
lui payer de douaire , la traite ſi mal
qu'elle eſt obligée de demander le divorce ,
& de tout ſacrifier à ſa liberté. Cet abus
que la loi n'a point corrigé, quoiqu'elle ait certainement dû le prévoir,
eſt une preuve bien claire de ce que
nous avons dit de l'eſprit qui en dirigeoit les auteurs.

(*b*) Voyages de *Paris* à *Hiſpahan* , tom. 2 , p. 277.

CHAPITRE XIII.

Second obstacle mis à la liberté accordée aux femmes de provoquer le divorce.

ON avoit trouvé un autre moyen pour rendre moins précieux au sexe le privilege qu'on lui laissoit. Une femme, en se tirant de l'autorité d'un mari injuste, ne devenoit pas pour cela sa maîtresse. Elle ne brisoit ses chaînes que pour en prendre d'autres. Chez les *Romains* elle rentroit sous la tutelle de ses parents, à moins que la naissance de trois enfants ne l'eût émancipée. Elle ne commençoit à prendre part aux privileges des citoyens, que quand elle en avoit ainsi augmenté le nombre. C'étoit une exception faite à la regle générale en faveur de l'utilité publique. Alors la loi qui vouloit encourager la population combattoit la loi qui exigeoit l'as-

serviffement

ferviffement du fexe, & la fupériorité qui reftoit à la premiere, étoit le fruit de la politique qui s'applaudiffoit de voir multiplier le nombre des enfants dans l'état, bien plus que de l'envie de rendre juftice à la mere.

Mais en *Afie* où rien n'a engagé les légiflateurs modernes à quitter la route qui leur a été tracée par les anciens, cette exception même n'a pas lieu. La maternité ne change point l'état des femmes qui en ont effuyé les fatigues & les dangers. L'efpece de révolte qui les fouftrait à l'empire d'un mari tyrannique, quoique légitimée par la loi, n'a d'autres fruits pour elles que de leur donner d'autres tyrans. Elles ne recouvrent leur liberté que pour la perdre, comme ces forçats qui, fur une galere occupée par l'ennemi, ayant quitté les rames à l'inftant de la défaite des vaincus, font bientôt forcés de les reprendre pour le fervice des vainqueurs.

Les voyageurs atteftent qu'à peine une femme a-t-elle fignifié à fon mari l'acte de divorce, que les parents se hâtent de la revendre à un autre ; encore n'y a-t-il que les épouses légitimes, celles dont la vente a été faite par un contrat judiciaire, qui puissent hasarder cet effort peu utile d'une indépendance momentanée. Les *canitsé* ou femmes esclaves, c'est-à-dire, en *Perse* celles qui ont été achetées avec moins de cérémonies, n'ont pas même cette ressource. Leur servitude est éternelle, ou du moins leur affranchissement ne peut venir que du dégoût du maître, ce qui arrive rarement ; parce que, dit *Chardin*, les *Persans* opulents ne veulent point accorder à d'autres la jouissance d'une femme qui leur a servi. On voit à quoi se réduit en *Asie* l'indulgence apparente que les loix ont voulu affecter pour le sexe en lui permettant l'usage du divorce.

CHAPITRE XIV.

Troifieme obftacle mis à la liberté accordée aux femmes de provoquer le divorce.

CHEZ les *Romains* mêmes où l'indulgence dont on vient de parler étoit plus fincere & plus effective , elle avoit des bornes qui prouvent combien on refpectoit encore l'ancienne bafe fur laquelle on ofoit élever des réglements nouveaux. Le divorce autorifé bien avant dans le *chriftianifme* par le gouvernement, n'étoit ratifié par la juftice que quand on en alléguoit des raifons fuffifantes. C'eft le détail de ces raifons configné dans les compilations de la jurifprudence *Romaine,* qui fait voir quelle inégalité fubfiftoit encore entre le mari & la femme, dans le moment même où l'on paroiffoit fonger à établir entre eux la plus parfaite égalité.

Parmi les caufes qui peuvent motiver la répudiation de la part du mari, il y en a de férieufes ; mais on en trouve auffi qui peuvent paffer pour très-légeres. Il peut faire divorce, par exemple, fi fa femme va, fans qu'il le fache, manger avec d'autres hommes ; fi elle découche fans fa permiffion ; fi elle va au fpectacle malgré lui (*a*). Lors même qu'il demande la féparation pour des caufes encore plus foibles, la loi ne lui impofe d'autres peines que la reftitution de la dot, & quelques libéralités pécuniaires, dont la propriété eft réfervée aux enfants s'il y en a (*b*).

De la part de la femme, au contraire, il faut que la répudiation foit appuyée fur les moyens les plus forts. Il faut ou que le mari ait attenté à fa vie, ou qu'il ait confpiré contre le gouvernement, ou qu'il ait voulu la proftituer, ou qu'il l'ait fauffement

____

(*a*) *Novel.* 22, chap. 15 & 117, chap. 8.
(*b*) *Novel.* 117, chap. 13.

accusée d'adultere, ou qu'il *soit assez diffolu pour se livrer à des infidélités en sa préfence, pour les confommer sous ses propres yeux* (c) ; *ce qui,* ajoute difertement le légiflateur, *ulcere le plus vivement les femmes mariées, comme étant fort attentives à tout ce qui concerne la chambre à coucher, fur-tout fi elles font chaftes.*

La *novelle* 22, chapitre 15, lui permet encore de répudier, fi elle peut prouver que le mari ait l'habitude de la fouetter : mais la *novelle* 117, chapitre 14, rétracte cette permiffion. Elle décide que ce moyen n'eft pas fuffifant pour la répudiation : & pour des coups de bâton ou de fouet donnés à une femme, le mari n'eft condamné qu'à lui affigner fur fon propre bien, pendant le mariage, le tiers de la valeur des avantages qu'il lui a faits en l'époufant (c).

____

(c) *Ita luxuriosè viventem , ut ,* INSPICIENTE UXORE , *cum aliis corrumpatur, quòd maximè mulieres nuptas, utpote circa cubile ftimulatas, exafperat , & præcipuè caftas.......* Novel. 22, cap. 15.

(e) Novel. 117, chap. 14.

Si la femme prétend se dégager pour d'autres causes, si elle s'obstine à signifier la répudiation, la loi la prive de sa dot, qui passe au mari en usufruit seulement quand il y a des enfants. « Pour l'épouse rebelle elle doit » être livrée aux risques du juge des » lieux, entre les mains de l'évêque, » & demeurer avec lui jusqu'à ce qu'il » ait eu soin de l'envoyer dans un mo- » nastere où elle sera renfermée toute » sa vie. De ses biens on fera trois » parts dont une ou deux resteront à » ses héritiers, suivant leur proximité, » & la troisieme sera donnée en toute » propriété au monastere; & si le juge » néglige de veiller à l'exécution litté- » rale de tout ce qui précede, il sera » condamné à une grosse amende, & » ses conseillers à peu près à la moi- » tié (e). »

Il n'y a personne qui ne reconnoisse dans ces différentes dispositions

***

(e) *Nov.* 117, chap. 13.

l'influence de l'esprit qui les a dictées.
On y voit l'embarras du légiflateur
pour concilier d'une part le refpect
dû à des ufages anciens , la raifon
qui fe faifoit entendre fur les débris
des fciences & de la grandeur Romaine , avec ces égards qu'exigeoient
de l'autre ces femmes fi long-temps
méprifées qui fe vengeoient dans la
décadence de l'empire , de la gêne ,
de la contrainte où fa profpérité
les avoit retenues pendant tant de
fiecles.

Juftinien , amant , époux , efclave
d'une *comédienne* , ne pouvoit manquer de favorifer un fexe dont *Théo-
dora* prenoit la défenfe. Mais en cé-
dant aux volontés de fa maîtreffe , il
rougiffoit de démentir les maximes de
fes ancêtres. Il recueilloit dans les
conftitutions de fes derniers prédécef-
feurs ce qu'il y avoit de plus avanta-
geux pour les femmes. En paroiffant
donner les mains à leur indépendance , il n'ofoit tout-à-fait rompre leurs
fers. L'état dans lequel il les plaçoit ,

n'étoit précisément ni la servitude, ni la liberté, mais un mélange de toutes deux, où cependant la premiere dominoit encore.

CHAPITRE XV.

Si le divorce en lui-même étoit utile ou dangereux à la population.

LE divorce ainsi modifié, tempéré par des correctifs plus illusoires peut-être que réels, a été long-temps une partie du droit commun dans l'empire *Romain*, ainsi que dans tout le reste de l'*Occident*. Des princes chrétiens en ont fait pendant plusieurs siecles l'objet de leurs ordonnances, & la discipline de l'église n'étoit pas encore précisément contraire à ces réglements émanés de la puissance civile.

Cependant des *théologiens*, des *canonistes*, & même d'autres écrivains ont placé le divorce au même rang que la polygamie dans leurs cenfures ; ils ont ofé dire qu'il étoit contraire à l'efprit du mariage ; ils ont avancé que la fociété feroit bleffée, fi chaque mari avoit le droit de quitter fa femme, lorfqu'il ne peut plus vivre avec elle, fi chaque femme pouvoit s'éloigner de fon mari, quand un dégoût ou une averfion invincible le lui rend odieux : il eft clair qu'ils fe font trompés fur ce fecond article, plus groffiérement encore que fur le premier. Il eft vifible qu'on a voulu appuyer par des raifonnements faux un précepte qui n'en avoit pas befoin.

Si l'on examine le divorce du côté des avantages qui en revenoient à la population, on verra qu'ils étoient confidérables. Avant que le *chriftianifme* eût fait de la continence une vertu, & de la ftérilité volontaire une perfection, le mariage étoit une des premieres loix de la nature pour tous les hommes, excepté pour ceux à qui elle avoit refufé le pouvoir d'en remplir les fonctions. Quant à ceux-là, la dispense étoit écrite sur le titre même de l'obligation.

Quand les deux époux se trouvoient dans le dernier cas, la société n'y perdoit rien. C'étoient deux arbres morts qu'on pouvoit sans conséquence laisser pourrir ensemble : & ce cas dans tous les temps n'a pas dû être commun.

Mais quand chacun d'eux alloit porter à part dans une maison étrangere le défaut de ses organes ; quand une femme stérile tomboit en partage à un mâle vigoureux ; quand un homme impuissant s'unissoit à une femme féconde, on sent combien il en devoit résulter d'inconvéniens, outre celui de contracter un engagement infructueux. Autant qu'il étoit en eux, le genre humain se trouvoit détruit. De-plus, chacun d'eux ayant à rougir en secret de son inutilité, chacun se croyant en droit de reprocher à l'autre, ou trop de foiblesse, ou trop de desirs, une aigreur inévitable étoit le fruit de cette situation épineuse.

Elle éloignoit les efprits avec plus de force que la loi ne rapprochoit les corps. Livrés à la haine, au défefpoir, aux mouvements les plus violents qui puiffent agiter les ames des hommes, ces malheureux époux s'irritoient contre leurs liens. En les fecouant avec amertume, ils fentoient renaître le defir & l'efpérance de les détacher. La politique agiffoit avec fageffe en exauçant leurs vœux. C'étoit de fa part une démarche louable que de couper un nœud infortuné, de rendre aux parties une liberté dont la privation avoit des fuites fi funeftes.

Si elles fe hafardoient à en faire le facrifice une feconde fois, au moins l'état y gagnoit les enfants qui naif-foient d'une de ces nouvelles unions. Si la premiere n'étoit ftérile que par une grande difproportion de tempé-rament de la part de la femme ; comme il arrivoit plus fouvent, elle pouvoit trouver dans la feconde un homme qui fût de pair avec elle, & qui reftreignît dans de juftes bornes

ce principe de fécondité qu'un mari
trop foible ne pouvoit ni satisfaire,
ni contenir.

CHAPITRE XVI.

*Si l'espérance de pouvoir faire divorce à
son gré, nuisoit à l'union dans les
mariages.*

LA liberté de se quitter avoit de fâ-
cheuses suites, dit M. l'abbé *Fleury.*
*On s'engageoit plus légérement : on se
contraignoit moins l'un pour l'autre (a).*
C'est bien peu connoître le cœur humain que de parler ainsi. Qui est-ce
qui ignore que le desir y naît de
la défense, & qu'un moyen sûr de
lui faire regarder une chose avec indifférence, c'est de la lui permettre?
Ce proverbe célebre dont l'équivalent

(a) Voyez les mœurs des Israélites.

a passé dans toutes les langues, *in vetitum ruimus*, & son contraire sont deux vérités frappantes qui ne sont que trop démontrées par une expérience journaliere.

Aussi malgré l'utilité, malgré l'agrément des divorces, il ne faut pas croire qu'ils dussent être bien communs quand ils étoient permis. Ils étoient peut-être aussi rares quand la loi les rendoit légitimes, qu'ils paroissent devoir être fréquents aujourd'hui qu'elle les condamne. Loin de nuire à la durée de l'union & du mariage, ils la prolongeoient presque toujours.

Si cette assertion avoit besoin de preuves, on auroit en sa faveur l'exemple des Romains chez qui le divorce fut permis pendant trois cents ans, suivant quelques auteurs, & cinq cents vingt selon d'autres, avant qu'on en fît usage (*b*). On auroit ce-

————————————————

(*b*) Voyez *Denys d'Halicarnasse, Plutarque*, &c.

lui des *Perfans* chez qui cet expédient extrême eft rarement employé, quoique confacré par les deux puiffances *(c)* : on auroit celui de tous les peuples qui femblent s'être réfervé la permiffion du divorce plutôt que l'ufage. Les efprits humains en général font des malades fur qui la facilité de fe procurer le remede produit plus d'effet que fon application. Il fuffit de favoir où on pourra le prendre pour n'en jamais fentir le befoin.

Cette inconféquence eft dans la nature, & les anciens en recueilloient tout l'avantage. Comme chez eux l'inftant du dégoût devoit amener une féparation volontaire & infaillible, les deux intéreffés étoient plus attentifs à éloigner ce qui auroit pu l'occafioner. L'union devenoit plus folide par le pouvoir de la rompre. L'amour conjugal quelquefois ébranlé

(c) Voyez les voyages de *Chardin*, t. 2, p. 272.

par les petits mécontentements do-
meſtiques reprenoit bientôt le deſſus,
& la réconciliation ſe faiſoit prompte-
tement, parce qu'un intérêt commun
ſoutenu d'une parfaite indépendance
en étoit le médiateur.

Parmi nous l'infortune des époux,
leurs tracaſſeries, les tours mutuels
qu'ils ſe jouent, l'averſion qui en réſulte, enfin ce qu'on appelle l'intérieur du ménage, eſt la matiere la
plus ordinaire des bons mots. C'eſt le
ſujet le plus fécond de ceux du théatre, & même de la converſation privée. Il n'en eſt pas de même chez
les peuples où l'habitude du divorce
s'eſt perpétuée. Je remarque que
leurs livres & leurs poéſies contien-
nent plus d'éloges des ménages heureux, que de plaiſanteries ſur les
mauvais.

La cauſe en vient ſans doute de
cette idée de liberté qu'ils attachent
à tous les engagements, & qui en
adoucit la contrainte. Ne voyant
point devant ſoi une carriere immen-

se à parcourir, sans pouvoir attendre de secours que de la mort, si, par aveuglement ou par malheur on choisissoit une mauvaise compagnie, on hasarde avec moins d'inquiétude à y entrer, à y marcher d'un pas plus ferme, parce qu'on sait bien qu'on sera toujours maître de se reposer dès qu'on se sentira fatigué, ou du chemin, ou de la compagnie.

Enfin par une suite très - naturelle de la bizarrerie & de la contradiction attachées à notre espece, ceux qui auroient le plus impatiemment porté leurs chaînes, s'ils en étoient crus chargés pour toujours, les trouvent douces, & souvent ne s'en dégagent jamais, parce qu'ils sont toujours les maîtres de les briser sans efforts. Telle est encore & telle a été dans tous les temps l'utilité politique du divorce, qui dût suivre de près l'établissement du mariage, comme on voit les herbes salutaires croître dans les mêmes climats que les poisons dont elles sont les préservatifs.

CHAPITRE XVII.

Des séparations de corps.

LE divorce est aujourd'hui proscrit dans une partie de l'*Europe*. Une politique dont il est impossible de démêler ou l'époque ou le but, a déclaré abusive , dans quelques états chrétiens , cette ressource si long-temps ouverte contre le dégoût ou le danger des liaisons malheureuses & mal assorties. Mais comme le cœur des hommes n'a pas changé avec les principes de la législation, & que le mal a subsisté malgré la suppression du remede ; ce qui en a résulté, c'est qu'après les plus grands désordres, il a fallu enfin en venir à un palliatif qui eût au moins quelques effets du divorce, & délivrât l'un de l'autre des êtres que l'union livroit au désespoir.

Ce qu'il y a d'étrange, c'est que cet adouciffement à l'indiffolubilité du mariage, adopté aujourd'hui par la jurifprudence, eft devenu une forte de loi, n'eft cependant qu'un ufage auquel la puiffance publique n'a point concouru : mais la légiflation fe taifant & la nature fe faifant entendre, les femmes autorifées dans d'autres cas moins importants à actionner leurs maris, réclamant à haute voix dans celui-ci les privileges de l'humanité & de la juftice ; les magiftrats vaincus par la raifon, par la néceffité, par la multiplication des abus ont pris fur eux, par un confentement tacite, de relâcher des chaînes qu'ils n'ofoient brifer.

Ils n'ont pas le courage de dire aux époux infortunés : allez de part & d'autre chercher dans des nœuds mieux proportionnés un bonheur que ceux-ci vous refufent : mais ils leur difent en fecret : évitez-vous, ne vous voyez pas, nous fermerons les yeux fur l'antipathie qui vous écarte l'un de l'autre. Nous la confacrerons même en faifant qu'aucun de vous ne fera efclave ; mais il n'eft pas en notre pouvoir de vous rendre libres : & de cette demi-opération, de cette juftice imparfaite, il réfulte un des plus monftrueux mélanges, qui ait eu jamais fouillé les inftitutions de la jurifprudence.

Une femme fe trouve veuve avec un mari, indépendante avec les marques de fa fujétion, néceffitée au défordre fi le tempérament la fubjuge, & vouée au moins dans tous les cas à la plus entiere inutilité. Le mari de fon côté, couvert d'opprobre s'il fuccombe, ou plein de fureur s'il eft victorieux, ne peut dans tous les cas qu'augmenter par la fuite le fcandale dont la femme, par fa demande, a donné le fignal.

Voici comme cette matiere a été traitée dans nos tribunaux, il y a peu de temps, par un jurifconfulte aux yeux de qui la raifon eft la premiere des loix (a).

____

(a) Voyez le *mémoire* pour le M. de G. tom. 7,

"Aux yeux des peuples qui l'au-
,, torifoient, le divorce étoit con-
,, forme à l'efprit du mariage, confi-
,, déré comme il l'étoit par eux en
,, qualité de fimple contrat civil. Les
,, parties dont il prononçoit l'indé-
,, pendance n'avoient point, en con-
,, tractant l'union, renoncé à la pré-
,, rogative de provoquer un jour
,, l'éloignement. Ce nœud, formé
,, pour leur bonheur commun, s'éva-
,, nouiffoit dès qu'il n'étoit plus pro-
,, pre qu'à produire leur infortune
,, réciproque. ,,

"Chacune d'elles alloit porter dans
,, une autre famille la liberté & fes
,, reffources. La religion les voyoit
,, fans peine, & la politique avec
,, joie, travailler chacune de leur côté
,, au bien commun de l'état : de la
,, diffolution d'un ménage fcanda-
,, leux, naiffoient fouvent deux unions
,, que la vertu & la paix feroient fleu-

---

de la collection des *plaidoyers* & *mémoires* de M.
Linguet.

„ rir. Le divorce qui produifoit ces
„ heureux effets étoit donc vraiment
„ conforme , comme on vient de
„ l'obferver au véritable objet du
„ mariage. „

„ Mais y a-t-il rien qui y foit plus
„ contraire que les féparations, depuis
„ qu'il a acquis l'indélébilité majef-
„ tueufe attachée au caractere de fa-
„ crement ? Qu'efpere parmi nous ce
„ remede impuiffant, dont l'invention
„ a peut-être produit les maux qu'il
„ eft deftiné à publier ?

„ Du côté de la religion , c'eft le
„ comble de l'inconféquence ; il élude
„ un de nos plus faints oracles ; il
„ éleve un mur impénétrable entre
„ deux individus que la plus refpec-
„ table des autorités a ici compofés.
„ Dieu même a prononcé qu'ils ne
„ feroient plus qu'un , & la tolérance
„ des tribunaux vient leur ordonner
„ d'être deux.

„ Et ce n'eft pas l'indépendance
„ que cette divifion funefte leur pro-
„ cure, ce n'eft qu'une captivité plus

» gênante. Du côté des avantages de
» la société, l'inconséquence & le
» danger sont bien plus forts : la sépa-
» ration moins efficace en un sens que
» le divorce, va dans l'autre infini-
» ment plus loin. Ceux qu'elle semble
» délier n'en restent pas moins soumis
» aux effets de l'engagement auquel
» on a feint de les arracher. Enfants
» désobéissants aux yeux de la reli-
» gion, citoyens inutiles à ceux de
» la politique, en leur permettant
» de manquer à toutes deux par l'aveu
» d'une haine qu'elles prescrivent, on
» leur défend de servir l'une & l'autre
» avec des objets capables de leur
» inspirer des sentiments plus doux.

» Séparés entre eux, ils le sont en-
» core plus du reste de l'univers que
» de l'objet qu'ils haïssent ; à force
» d'agiter leur chaîne, ils ne font
» que la relâcher & en augmenter le
» poids ; à la moindre tentative qu'ils
» hasardent pour la soulever, un re-
» tentissement importun les avertit de
» leur esclavage.

„ Il y a plus : cent fois plus ferfs,
„ cent fois plus malheureux que ceux
„ à qui l'inconftance a fait defirer &
„ obtenir le divorce, fi dans le défef-
„ poir de cette folitude ils jettent quel-
„ ques regards l'un vers l'autre, fi ces
„ feux qu'une répugnance indifcrete
„ a paru étouffer, viennent à jeter
„ quelques étincelles, & à fe chercher
„ pour fe communiquer l'un à l'autre
„ une nouvelle ardeur, la féparation
„ y devient un obftacle.

„ Ces fers aux extrêmités defquels
„ les époux font placés ; ces fers qui
„ ont pris de la foupleffe pour leur
„ permettre de s'écarter, acquierent
„ une roideur inflexible pour les em-
„ pêcher de fe rejoindre. Tout ce
„ qu'ils gagnent à l'arrêt fatal qu'ils
„ ont fi vivement follicité, c'eft qu'au
„ tourment de ne pouvoir fe quitter,
„ ils joignent déformais celui de ne
„ pouvoir fe réunir. C'étoit aupara-
„ vant un crime pour eux de vouloir
„ s'éloigner ; c'en eft un déformais de
„ fonger à s'approcher.

„ Et ce n'eſt pas tout encore: quelle
„ eſt dans cette ſituation affreuſe des
„ parents celle de leur poſtérité ?
„ Pourroient-ils careſſer des enfants
„ dont l'innocence & la foibleſſe n'ont
„ pu impoſer ſilence à leur mutuelle
„ averſion ? Chacun d'eux y cherche
„ & y diſtingue la portion d'exiſtence
„ dont ils peuvent être redevables à
„ ſon ennemi.

„ Chacun d'eux, dit en les voyant :
„ fruits funeſtes de la ſurpriſe & d'une
„ tendreſſe abuſée, ſi je n'avois connu
„ l'auteur de vos jours je ſerois libre,
„ & je pourrois être heureux. Le ſen-
„ timent auquel vous devez la naïſ-
„ ſance eſt le principe de mon infor-
„ tune. Votre mere me déteſte, & vous
„ voulez que je vous aime ! Votre pere
„ me perſécute, & vous voulez que je
„ vous chériſſe ! Fuyez, triſtes gages
„ de mon déſaſtre : n'ajoutez pas à
„ l'horreur de mes regrets celle de
„ voir couler des larmes qui redouble-
„ roient mon ſupplice peut-être, &
„ que je ne pourrois eſſuyer.

" Ainſi

» Ainſi ces victimes déplorables d'un
» reſſentiment qu'ils n'ont point cauſé,
» conſternés de ces paroles foudroyan-
» tes, ſuſpendus entre les crainte, l'a-
» mour & la pitié ; errants ſans ceſſe des
» bras d'un pere qui la rejette à ceux
» d'une mere qui les abhorre ; mé-
» priſés de la ſociété qui fait rejaillir
» ſur eux la honte dont ſe couvrent
» ceux qui les ont fait naître ; privés
» des appuis dont leur foibleſſe a le
» plus de beſoin ; proſcrits en quelque
» ſorte par la nature qui n'a pas eu
» la puiſſance de les protéger, dé-
» teſtent à leur tour une exiſtence
» douloureuſe dont chaque minute
» augmente l'amertume.

» Tous enſemble n'offrent déſormais,
» le reſte de leur vie, que le plus hor-
» rible tableau que l'eſprit humain
» puiſſe imaginer : une troupe d'êtres
» avilis, rongés par les remords, acca-
» blés par la crainte, dévoués à l'op-
» probre & au déſeſpoir, & réduits
» pour toute reſſource à la conſola-
» tion affreuſe de maudire les uns le

„ fantôme trompeur de liberté qui les
„ a féduits , les autres l'indulgence
„ funefte qui les a perdus.

Tels font les effets affreux de ce que
nous appellons parmi nous féparation
de corps : de toutes les abfurdités qui
défigurent notre politique , celle-là ,
je l'avoue , m'a toujours paru la plus
révoltante & la plus cruelle. On a
beau faire , dès qu'on s'éloigne des
inftitutions primitives de l'Afie , on
s'égare : on ne réforme pas , on cor-
rompt.

CHAPITRE XVIII.

Des Hullas. *Conjecture sur cet article singulier de la loi de* Mahomet *relativement au divorce.*

JE ne sais si ce n'est pas dans ce même principe que nous venons de développer, qu'il faudroit chercher l'explication d'une étrange formalité ordonnée par la loi de *Mahomet*, quand un mari veut se réunir pour la quatrieme fois avec une femme qu'il a répudiée trois fois. Il est obligé, comme tout le monde sait, de la faire marier d'abord à un autre. Il ne peut la recevoir que des mains de ce nouvel époux, & c'est ce qu'on appelle prendre un *Hulla.*

Cette cérémonie est devenue célebre parmi nous à cause de la farce Italienne qui en porte le nom. Mais ce que la différence des usages nous fait paroître plaifant au théatre eft très-férieux chez les *Afiatiques*. Il ne feroit pas poffible que des peuples entiers euffent adopté une pareille coutume ; on ne fauroit croire que la religion & les loix civiles euffent concouru à la confacrer, fi elle n'avoit une raifon fecrete qui la juftifie. Or, cette raifon fecrete ne feroit-elle pas le defir qu'a eu le légiflateur de tirer parti pour la population, de l'union paffagere qui doit précéder l'oubli du divorce, & la réunion durable des époux auparavant féparés ? Plufieurs obfervations contribuent à donner de la force à cette idée.

L'*Alcoran* n'exige le miniftere d'un *Hulla*, qu'après trois divorces confécutifs, & autant de réconciliations entre les mêmes perfonnes (*a*). Or, il étoit aifé de penfer que des ménages fi faciles à diffoudre & à rejoindre, ne feroient que des ménages ftériles. Les enfants auroient été un obftacle

______

(*a*) *Chardin*, voyages de *Paris* à *Hifpahan*.

à ces variations réitérées, comme les équipages font un embarras qui nuit à la marche des armées quand elles décampent.

Il en coûte peu, à la vérité, pour les nourrir dans ces pays où la fimplicité des mœurs permet encore de regarder une famille nombreufe comme une bénédiction du ciel. Mais fi leur quantité n'avoit pas combattu les raccommodements, la tendreffe pour eux fe feroit oppofée aux féparations. La loi avoit raifon de conclure qu'une alliance, fi fouvent rompue & reprife, n'étoit point une alliance féconde.

Il étoit donc de fon devoir d'aller au fecours de ces malheureux époux qui fe confumoient en tentatives inutiles. Elle ne pouvoit fe difpenfer de chercher un fpécifique pour guérir des cœurs ulcérés que la honte & le regret de la ftérilité éloignoient l'un de l'autre, tandis qu'un fonds d'inclination toujours fubfiftante tendoit à les rapprocher.

Le remede étoit facile à trouver : mais l'application ne pouvoit avoir lieu qu'à l'égard de la femme : & c'eſt à quoi la loi avoit pourvu par l'interpoſition du *Hulla*. Il devoit habiter avec elle pendant quarante jours (*b*). C'en étoit aſſez pour opérer une cure radicale, en la ſuppoſant poſſible.

S'il ne réſultoit de ſes ſoins aucun bon effet, on pouvoit juger la maladie incurable ; & alors la loi n'avoit rien à ſe reprocher, puiſqu'elle avoit fait ce qu'elle avoit pu : mais quand ils étoient ſuivis d'un heureux ſuccès, le peu de tèmps qui s'écouloit entre les travaux officieux du *Hulla*, & la réhabilitation de ſon ſucceſſeur, permettoit à celui-ci de s'en attribuer l'honneur. Il n'étoit pas poſſible de diſtinguer lequel des deux avoit été le médecin : l'époux, aïnſi que les docteurs de nos climats, étoit autoriſé à s'énorgueillir d'une guériſon à laquelle il pouvoit n'avoir pas contribué.

(*b*) Voyages de *Paris* à *Hiſpahan.*

De cette incertitude flatteuſe ſui-
voient pluſieurs avantages, la réunion
de deux citoyens, & la naiſſance d'un
troiſieme. Elle épargnoit au mari la
honte de ſouffrir un adultere, & à
la femme le regret d'une infidélité.
Sans impoſer à l'un l'opprobre attaché de tout temps aux foibleſſes de
l'autre, elle lui permettoit d'en recueillir les fruits. Elle concilioit ainſi
l'intérêt politique avec l'utilité morale : ce qui doit bien la faire diſtinguer de ces réglemens ſcandaleux
dont quelques voyageurs crédules ont
oſé ſouiller leurs récits, & qui réuni-
roient une exceſſive indécence morale, avec une extrême inutilité politique.

Cette loi ingénieuſe qui contredit
ſi formellement celle du *Deutéronome*, ne paroît pas être de l'invention
de *Mahomet*. C'eſt en grande partie
d'après le code *Hébraïque* qu'il a tra-
vaillé à former le ſien. Il y a conſervé
un grand nombre de pratiques des
enfants d'*Iſraël ;* pratiques qui étoient

auffi celles des *Arabes* fes compatriotes : & quand il y a dérogé, ce n'a été qu'en faveur des ufages reçus dans les pays dont il méditoit la conquête.

En général il a très-peu innové dans les inftitutions civiles. Ce n'eft pas fur cet article qu'il a donné carriere à fon imagination. Il s'eft permis la plus grande liberté dans le récit de fes voyages aux planetes. Ses extafes, fa correfpondance avec les anges, fes images voluptueufes du paradis, ces merveilles abfurdes, ces rêveries impertinentes qui frappent & féduifent le peuple, & fervent de bafe à l'établiffement de toutes les feétes, fe retrouvent dans fon *Alcoran*, comme dans les prétendus livres facrés de tant d'autres nations. Il a peu ménagé le bon fens dans les chofes qui regardent l'autre monde : mais il a été très-circonfpeét dans tout ce qui concerne celui-ci. Ses caprices extravagants n'ont point influé fur fa légiflation qui eft douce,

fage, & qui n'a fait que mettre le
fceau aux coutumes le plus généra‑
lement confacrées par le temps dans
toute l'*Afie*.

On peut donc croire que la céré‑
monie des *Hullas* en eft une. On peut
fuppofer qu'elle remonte à des fiecles
fort reculés, & qu'elle a été de bonne
heure imaginée comme un remede
aux abus du divorce, de même que
le divorce étoit celui des défagré‑
ments du mariage.

CHAPITRE XIX.

Si les mots, divorces & répudiations, *signifient des choses différentes dans le sens que leur donne l'esprit des loix.*

JE n'ai mis dans tout ce livre aucune différence entre le divorce & la répudiation. Je me suis servi de ces mots comme de deux termes parfaitement synonymes , ou qui du moins n'ont pas de significations contraires. Ce n'est point l'idée qu'en avoit M. le P. de Montesquieu. Il assigne à chacun des deux un sens exclusif. Il ne veut pas qu'on se méprenne sur leur emploi ; & la méprise exposeroit en effet à des erreurs, si la définition qu'il en donne étoit fondée.

« Il y a, dit-il, cette différence » entre le *divorce* & la *répudiation* ,

,, que le divorce fe fait par un con-
,, fentement mutuel à l'occafion d'une
,, incompatibilité naturelle : au lieu
,, que la répudiation fe fait par la
,, volonté, & pour l'avantage d'une
,, des deux parties, indépendamment
,, de la volonté & de l'avantage de
,, l'autre. ,,

Il pofe en conféquence pour regle
générale " que dans tous les pays où
,, la loi accorde aux hommes la fa-
,, culté de répudier, elle doit auffi
,, l'accorder aux femmes. Il y a plus,
,, ajoute-t-il ; dans les climats où les
,, femmes vivent fous un efclavage
,, domeftique, il femble que la loi
,, doive permettre aux femmes la
,, répudiation, & aux hommes feule-
,, ment le divorce ; ,, ce qui fe trouve
enfuite développé à la maniere de ce
grand écrivain, c'eft-à-dire , avec
autant d'élégance que d'efprit.

Il me femble qu'un coup-d'œil fur
la compilation du droit civil auroit
fuffi pour lui épargner cette méprife.
On y voit clairement qu'il n'y a d'au-

tre diſtinction entre la *répudiation* &
le *divorce*, qu'en ce que l'une eſt
l'acte, l'inſtrument judiciaire qui tend
à diſſoudre le mariage, qui notifie
la demande de l'une des parties ou
de toutes les deux ; au lieu que l'autre
eſt la diſſolution elle - même
approuvée, prononcée par le miniſ-
tre de la juſtice. La ſeconde de ces
opérations n'eſt que l'effet, la ſuite
de la premiere.

Celle-ci eſt préciſément ce que nous
appellons l'exploit de demande qui
engage le procès ; celle - là eſt le
jugement définitif qui le termine.
Enfin la répudiation n'eſt qu'un acte
deſtiné à entamer l'affaire du divorce
qui ſe conſomme par l'intervention
du juge. C'eſt ce dernier qui le complete, qui lui donne l'exiſtence
légale, en faiſant droit ſur la requi-
ſition des parties.

Qu'elle vienne des deux, ou d'une
ſeule, la ſéparation qui en réſulte
eſt toujours un divorce, pourvu
qu'elle ſoit authentique, & ratifiée

par la loi. Il peut y avoir des répudiations fans divorce, quand l'acte
refte fans effet, faute de l'attache
du juge, ou par quelque autre caufe ;
mais il ne fauroit y avoir de divorce
fans répudiation. L'une eft néceffai-
rement le préliminaire & la caufe
efficiente de l'autre.

C'eft ce que prouvent avec la
derniere évidence tous les paffages
des anciens jurifconfultes qui ont
traité de cette matiere (*a*). Ils
appellent toujours répudiation, *repudium*, ce qui tend à la diffolution
du mariage, ce qui la produit : ils
donnent au contraire le nom de
divorce, *divortium*, à la diffolution
faite & confommée. Le *divorce*, dit

______

(*a*) Voyez au livre 24 du *Digefte* le titre 2, *de
divortiis & repudiis* tout entier, au *code*, liv. 5,
tit. 17 ; aux *novelles* 22 & 117, les chapitres 15,
16, 19 de l'une, & 7, 8, 9 & fuivants de l'autre, &c.

Gaïus (*b*), *eſt ainſi nommé de la diver-ſité des eſprits, ou de ce que les parties qui anéantiſſent leur mariage, vont de divers côtés. Quant à la répudiation, c'eſt-à-dire, la renonciation, on ſe ſert de ces termes, reprenez vos affaires....*

On voit que le juriſconſulte en parlant du divorce ſubſtitue l'étymologie à la définition, parce qu'en effet l'une ſuit de l'autre, le divorce n'étant préciſément que la liberté d'aller chacun de ſon côté. Mais quand il parle de l'acte qui procure cette liberté, du *repudium*, il ne manque pas d'en rapporter la formule, ce qui en détermine la nature & l'efficacité. Que les deux parties y concourent ou non, le divorce n'en a pas moins lieu, pourvu que la *renonciation* ſe ſoit faite devant le

-----

(*b*) *Divortium autem vel à diverſitate mentium dictum eſt, vel quia in diverſas partes eunt qui diſtrahunt matrimonium. In repudiis autem, id eſt, renunciatione comprobata ſunt hæc verba, tuas res tibi habeto.... Digeſt. liv. 24, t. 2, §. 2.*

juge, & qu'elle foit conçue dans les termes que la loi prefcrit.

Au même livre 24 du *digefte*, titre 1, § 57, on trouve une queftion propofée au jurifconfulte *Paulus*, dont les expreffions décident fans réplique la difficulté qui nous occupe. Il s'agit d'un engagement contracté par une femme qui a reçu de fon mari une fomme pour fes befoins. *En cas que dans la fuite de notre vie notre mariage vienne à fe rompre, je promets,* dit-elle à ce mari, *de la reftituer, fi je vous envoie une répudiation fans fujet, & s'il eft prouvé que le divorce foit venu de ma part* (c).

Je n'examine point ici la réponfe donnée par le jurifconfulte dont on paroît invoquer les lumieres : c'eft

____

(c) *Si per me, meofque mores, quid fteterit, quòminùs in diem vitæ noftra matrimonium permaneat, five, invito te, difceffero de domo tua, vel repudium tibi fine ulla querela mifero, divortiumque factum per me probabitur..... Tunc reftitutam me..... fpondeo.*

le comble de l'abfurdité : mais ce n'eft pas ce qui nous intéreffe : je m'arrête aux termes de la propofition.

1º. On y voit clairement que le divorce peut venir d'une des deux parties feulement, puifque 'a femme fe reconnoît débitrice, dans le cas où il viendra de la fienne.

2º. On y voit avec autant d'évidence, que le *repudium* étoit un acte qui *s'envoyoit*, c'eft à-dire, qui fe fignifioit par l'interpofition d'un huiffier, ou de quelqu'un des praticiens qui en exerçoient les fonctions dans l'empire. On trouve là les deux mots *repudium* & *divortium* chacun dans leur fens naturel, & il s'en faut beaucoup que ce foit celui que leur donne M. de *Montefquieu*.

Il n'eft pas le feul écrivain qui, avec une grande renommée, foit tombé dans l'erreur fur le même fujet. *Cujas*, cité dans les notes du très-long, très - ennuyeux & très-inutile commentaire de *Godefroi* fur le corps du droit civil, donne à ces deux mots un sens au moins aussi faux, & encore plus révoltant. *Le divorce, dit-il, désigne la dissolution des mariages, & la répudiation celle des fiançailles : illud maritorum, hoc sponsorum renuntiatio est* (d).

Pour se désabuser il n'avoit qu'à lire l'endroit du texte même auquel se rapporte la note où ses paroles sont citées. *Pour opérer la dissolution des fiançailles,* dit le même Gaïus, *il est ordonné de faire usage aussi de la renonciation :* ce mot *aussi* prouve qu'elle avoit lieu entre les époux, comme entre les fiancés ; c'étoit même entre les premiers nommément qu'elle devoit être employée, & ce n'étoit que par une extension particuliere qu'on l'appliquoit aux fiançailles.

(d) *Digest.* liv. 24, §. 2, aux notes.

CHAPITRE XX.

De l'adultere. Que c'étoit par une suite de l'esprit de propriété qu'on le punissoit si rigoureusement dans les premiers temps.

D'APRES ce que nous avons dit, il est aisé de se faire une idée précise de la maniere dont tous les anciens peuples, & même une grande partie des modernes, ont envisagé & envisagent encore le lien conjugal ; ce n'est à leurs yeux qu'un simple contrat civil, par lequel dans l'espece humaine la propriété d'une femelle est attribuée à un mâle exclusivement. Le but de ce contrat est de prévenir les désordres, les violences, les combats que la communauté auroit produits : & sa base originelle est l'aliénation entiere des privileges d'un sexe en faveur & entre les mains de l'autre.

Il a été dès le commencement déclaré fufceptible d'extenfion & de diffolution, comme tous les actes qui partoient du même principe. Les parties qui y concouroient ont été autorifées à en changer, à en varier les claufes à leur gré. Les loix leur ont même laiffé le pouvoir de l'annuller à leur volonté dès qu'il cefferoit de leur convenir. A cet égard toutes les nations qui n'ont pas eu le bonheur d'être éclairées des lumieres de l'évangile ont penfé d'une maniere uniforme. Il n'y a eu dans leurs maximes d'autre différence que le plus ou le moins d'étendue que l'on donna aux prérogatives de chacun des deux fexes.

Le *catholicifme* eft le feul culte qui ait fait du mariage un acte dont la religion devient la bafe & la caution. Ce n'eft que parmi nous que le miniftre eccléfiaftique eft un témoin néceffaire du confentement donné par les époux à l'union qu'il confirme. L'obligation de la fceller aux pieds d'un prêtre n'eſt pas univerſelle à beaucoup près , & la néceſſité d'y ajouter la prononciation des formules ſacrées qui en aſſurent à jamais la ſolidité , eſt reſtreinte aux pays qui reconnoiſſent *Jeſus - Chriſt* pour légiſlateur & pour Dieu , & l'égliſe pour ſon unique interprete.

Dans le reſte du monde l'autorité civile s'eſt conſervé le droit de légitimer les unions de ſes ſujets. L'intervention du magiſtrat laïque y eſt la ſeule vraiment indiſpenſable. Le concours du pontife eſt une cérémonie indifférente qui augmente les fraix & l'appareil de la célébration ; mais elle n'a aucune influence ſur la validité de l'acte. Le degré de dignité auquel notre égliſe a élevé le mariage y eſt inconnu. On s'eſt contenté d'en faire un objet de police purement temporelle : & par-tout le pouvoir de conférer, ou de diſſoudre la propriété des femmes , eſt reſté entre les mains chargées de veiller à maintenir

l'ordre dans l'adminiſtration de toutes les autres eſpeces de biens.

C'eſt ſans doute cette raiſon qui fit
dès le commencement décerner des
peines ſi rigoureuſes contre les adul-
teres. Ils étoient irrémiſſiblement pu-
nis de mort. On les lapidoit, on les
brûloit, on les enterroit vifs. Ce genre de crime étoit ſujet à des châti-
ments atroces, ainſi que tous ceux
qui troubloient les propriétés, & ſans
doute ſur le même fondement. Il n'y
avoit encore qu'une maniere de punir,
parce qu'il n'y en avoit qu'une de mériter la punition. On ne connoiſſoit
qu'une meſure de peines, parce qu'il
n'exiſtoit qu'une eſpece de principe
bien développé, celui d'une poſſeſſion excluſive, contre lequel portoient
directement toutes les ſortes de déſordres que les loix cherchoient à
prévenir ou à réparer.

Elles ſéviſſoient contre le ſéducteur
d'une femme, comme contre le raviſ-
ſeur d'un champ. Elles regardoient
ces voluptés furtives comme un vol

fait au propriétaire. Ayant une fois consacré son domaine, même sur ses plaisirs, elles ne souffroient pas qu'on entreprît de lui en disputer la jouissance ; & quoique dans le fond les partager ne fût pas l'en dépouiller, quoiqu'il y eût une grande différence entre dérober les fruits d'un arbre ou les herbes d'une prairie, & se livrer avec la femme d'un autre aux mouvements de la nature, les législateurs n'y admirent point de distinctions. Quiconque fut convaincu indifféremment de l'un de ces faits, passa à leurs yeux pour être coupable du vol qu'ils avoient proscrits, & fut en conséquence condamné impitoyablement à perdre la vie.

Les monuments qui nous restent de l'antiquité en offrent des preuves qui font frémir ; on y voit par-tout les législateurs recommander la continence le fer à la main, & lever le glaive au premier soupçon d'un oubli qui la viole. Je n'en citerai qu'un seul exemple.

Qu'on se rappelle cette histoire de *Thamar*, la belle-fille de *Juda*, consignée dans la *Genese* (a) : elle reste deux fois veuve ; on lui promet un troisieme mari qu'on ne lui donne point. La cérémonie est différée par la tendresse du patriarche, chef de la famille, pour un dernier fils qui lui reste, & qui est destiné par les loix alors en usage, de remplacer dans les bras de *Thamar* les deux freres qui y sont morts successivement.

La veuve ennuyée de ce délai se déguise en courtisane un jour de réjouissance. Elle attend Juda sur un grand chemin où il doit passer ; elle l'amene à desirer d'elle des faveurs qu'il obtient sans la reconnoître ; & s'il paroît peu délicat quand il les sollicite, il se montre très-exact quand il s'agit de les payer.

Quelques mois après, le fruit de ce commerce se manifeste. On vient

______

(a) *Genese*, chap. 5.

en informer le beau-pere. *Votre fille Thamar, lui dit-on, a eu une foiblesse. Son ventre commence à s'enfler. Qu'on l'amene*, dit froidement le patriarche, *pour la brûler* : PRODUCITE EAM UT COMBURATUR.

Il est vrai qu'il adoucit ensuite la décision, quand il apprend la source de la grossesse. Il reconnoît que le mal vient de lui-même, & se reproche son imprudence d'avoir laissé une jeune veuve abandonnée à ses desirs, & à l'espérance irritante de les voir satisfaits. Mais enfin cet arrêt terrible, prononcé avec tant de sang-froid sur une simple délation, prouve combien l'indulgence étoit peu connue dans cette matiere. On y voit une rigueur poussée jusqu'à la cruauté la plus affreuse.

Car on peut observer que dans le jugement l'enfant innocent n'est pas séparé de la mere coupable. Il est condamné sans distinction à périr dans les flammes avec celle dont le crime lui a procuré la vie.

Plusieurs

Plusieurs écrivains ont pensé que la cause primitive de cette sévérité contre l'adultere, étoit l'injustice à laquelle il paroît donner lieu. Ils ont cru qu'en punissant avec tant d'inflexibilité la femme infidelle & son complice, on s'étoit proposé de remédier à l'introduction d'un héritier étranger dans une famille, & d'empêcher que cet intrus ne recueillît une partie de la succession au préjudice des héritiers légitimes. Ils se font persuadé que le ménagement pour les droits des enfants avoit plus contribué à dicter des ordonnances rigoureuses en ce genre, que la considération du tort réel fait à la propriété de l'époux.

Ce motif a pu influer beaucoup dans la suite sur les réglements de la société perfectionnée : mais il ne dut pas avoir beaucoup de force aux yeux des instituteurs de la société naissante. Ils devoient être bien moins frappés de cet inconvénient éloigné, douteux, dont la preuve restoit nécessairement cachée, que de l'infraction manifeste faite au principe fondamental des institutions qu'ils tâchoient de faire adopter.

S'ils avoient eu principalement en vue de mettre à couvert la légitimité des successions, ils auroient modifié la peine du désordre qui s'exposoit à la troubler, suivant que l'effet en auroit été plus ou moins dangereux à cet égard. S'ils n'avoient voulu qu'empêcher la confusion des héritiers, & l'application injuste des biens du pere, à l'enfant qui ne lui auroit pas dû le jour, ils auroient borné le châtiment au forfait constaté par la naissance de l'usurpateur. Ils n'auroient pas prononcé une peine affreuse & infaillible contre un délit qui pouvoit fort bien ne pas exister, s'ils n'en avoient considéré la consommation en elle-même, indépendamment de ses suites, comme un crime avéré, comme une révolte contre le droit nouvellement établi.

Tous les commerces illégitimes ne dérogeoient pas à l'ordre des succeſſions. Toutes les infidélités des femmes ne produiſoient pas dans les familles un trouble, un dérangement contre lequel on dût prendre des précautions ſi dures. Il y avoit des inſtants où l'adultere n'y pouvoit préjudicier en rien. La politique de la fille d'*Auguſte*, par exemple, étoit un préſervatif qui l'auroit juſtifiée en ce ſens aux yeux de la loi.

En ne ſe prêtant aux plaiſirs d'un amant, que quand elle reconnoiſſoit, à des ſignes non - équivoques, que ceux de ſon mari avoient produit leur effet naturel, elle ſembloit accorder ſon devoir & ſon tempérament. Elle paroiſſoit avoir pris le vrai moyen de ſatisfaire ſes goûts, ſans nuire aux droits de ſon époux, ou de ſes enfants. Cette conciliation adroite entre la volupté & la juſtice, ſans être innocente, ſuivant les regles de la morale, le ſeroit devenue ſuivant celles de la légiſlation, puiſ qu'elle auroit prévenu l'inconvénient que redoutoit le légiflateur.

Si donc la loi n'avoit cherché à fe précautionner que contre l'abus de la fécondité, elle auroit borné fon reffentiment aux coupables qui fe feroient trouvé convaincus de cette fécondité abufive : mais puifque c'étoit l'acte même, & non fon effet qui excitoit fa vigilance & armoit fa rigueur, il s'enfuit que le crime contre lequel elle fe propofoit de févir, n'étoit pas feulement le tort fait à des cohéritiers légitimes par le fruit d'une union clandeftine & profcrite : il eft clair qu'elle fongeoit à pourfuivre la vengeance d'un autre outrage, c'eft-à-dire, de celui que faifoit cette union même à la propriété du mari.

CHAPITRE XXI.

Qu'il est faux que la religion ait dérogé dans aucun pays au principe de propriété ci-dessus établi, & qu'elle ait autorisé les infidélités dans le mariage.

CE principe violent tenoit lieu, dans l'enfance, de la société d'une pureté morale qui n'étoit pas encore développée. Il faisoit de la constance conjugale une nécessité aveugle & pratique, avant qu'une théorie plus lumineuse en eût fait un devoir volontaire.

Ni un sexe, ni l'autre n'ayant d'idée bien nette de ce que les mœurs pouvoient ou tolérer ou interdire, la politique se chargeoit de publier la défense ou la permission. Elle y joignoit des menaces terribles, dans le

cas où l'on oseroit enfreindre ses
ordonnances : & ils devoient être
rares. Avec les adoucissements que
la polygamie & le divorce y joignoient, il faut avouer que l'obser-
vation n'en pouvoit pas être pénible,
au moins pour les hommes.

Telle a dû être nécessairement, &
telle a été, sans doute, la marche des
premieres sociétes dans le développement de leurs loix sur cette matiere.
Toutes en permettant de multiplier
ces unions, ou de les rompre, quand
elles deviendroient onéreuses, en
ont fait un objet infiniment respectable tant qu'elles n'étoient pas rom-
pues. Toutes ont voulu que le mariage notifié fût une barriere insur-
montable qui mît à couvert la possession du mari ; il n'y en a aucune
où les femmes une fois livrées entre
les bras d'un homme, n'aient été
soumises à l'obligation de regarder
le reste du genre humain comme
anéanti pour elles, & de se réser-
ver tout entieres au mortel heu-

reux qui avoit reçu le sacrifice de leur virginité.

Ces maximes, même en se modifiant dans la suite, en prenant une apparence moins sévere, moins rigoureuse, n'ont pourtant réellement fait que s'affermir. Elles tiennent au bon ordre général de la société : elles en font un des plus forts liens, & une des plus sûres sauve-gardes.

C'est du respect qu'on a pour elles que dépend le repos, la sécurité des familles, & par conséquent celle des états. Les mœurs qui les ont consacrées par des voies douces, & qui en ont facilité l'exécution, ont rendu aux gouvernements un service inestimable. Toute nation où elles seroient négligées sous les yeux & avec le concours de l'autorité publique, toucheroit immanquablement à sa ruine.

Cependant il y a des écrivains anciens, & même des modernes qui n'ont pas craint de nous représenter des nations entieres occupées à faire de la proftitution un article de leur police, & qui plus eft de leur culte. On a dit par exemple que les Affy-riens obligeoient une fois par an leurs femmes à honorer *Vénus*, par une complaifance fans bornes, pour tous ceux qui en paroiffoient curieux.

Des voyageurs ont ofé affurer qu'ils avoient vu des pays où des preuves de fécondité, données par une fille, étoient pour elle un gage certain d'un prompt mariage. Ils ont hardiment configné dans ces recueils immenfes d'erreurs, de méprifes, fouvent de menfonges, que l'on appelle des relations, que des peuples nombreux autorifoient chez eux le libertinage du fexe, & qu'ils prodiguoient le dernier mépris à la fageffe, ou à la ftérilité qui en avoit les apparen-ces.

Je n'ai point vu le temple de *Vénus Aftarté* à *Babylone*; je n'ai pas été dans l'ifle de *Madagafcar*, où les filles jouiffent, à ce qu'on prétend, d'un privilege fi commode. Je ne fau-

rois nier pofitivement ce qu’en rapportent des hiftoriens devenus refpec-
tables par une longue fuite de fiecles,
ou des voyageurs qui fe prétendent
témoins oculaires : mais je ne puis
m’empêcher de remarquer que ces
étranges principes contrediroient ab-
folument l’effence même de la fociété.
Pour en rendre l’admiffion probable,
il faudroit au moins nous apprendre
quels en étoient les effets, ou la
caufe, dans les lieux où l’on fe faifoit un devoir de les fuivre.

C’eft à la religion, dit-on, que les
loix de *Babylone* obligeoient les maris
de fe facrifier leur honneur. C’étoit
pour célébrer les bienfaits de la déeffe
qui préfidoit au mariage, qu’ils en
rendoient les plaifirs communs à tous
les paffants. C’étoit par reconnoif-
fance pour la divinité qui confole &
qui conferve le genre humain, qu’ils
fe prêtoient à l’extenfion de fon culte.

S’ils autorifoient leurs femmes à y
concourir avec des miniftres étrangers, c’étoit fans doute dans la vue

de multiplier le nombre de ses adorateurs, dans l'espérance que ces prosélytes gagnés par un usage si doux, améneroient quelque jour leurs propres femmes à *Babylone* le jour de la fête, pour y prendre part au sacrifice, & en augmenter la pompe. Voilà ce qu'on peut dire de mieux pour justifier la possibilité de cet infame usage.

Mais toutes les religions païennes, quant à la morale, n'étoient fondées que sur les principes de la raison épurée. Elles ne se trouvoient jamais en contradiction avec les loix civiles qui partoient de la même source. Comment veut-on que quand celles-ci proscrivoient l'apparence même du désordre, avec la rigueur la plus inflexible, l'autre en fît un devoir capable de lier les consciences ?

Les loix civiles renfermoient les femmes : elles les exiloient, pour ainsi dire, de la société : elles leur défendoient presque d'oser lever les yeux sur un autre homme que sur celui qu'elles avoient accepté pour maître. Elles menaçoient la moindre complaisance d'un châtiment terrible, & préſentoient la mort pour prix d'une foibleſſe. La religion établie pour confirmer les regles que le bon ſens avoit fait découvrir & adopter, en auroit-elle introduit d'autres, deſtinées préciſément à combattre, & à détruire les premieres ?

Pour peu qu'on y réfléchiſſe, on voit que nulle part les loix n'ont pu faire un mérite de la violation de leurs ordonnances, & moins encore un acte religieux. Cette extravagante inconſéquence auroit ſappé le fondement même de la ſociété. Il auroit introduit dans les familles l'incertitude, la déſunion, le goût de la débauche. Il en auroit fait bannir tous les enfants dont la conception auroit concouru avec l'époque de la fête.

Que ſeroient devenus les fruits de ces unions paſſageres ? Quel auroit été leur ſort dans le cours d'une vie marquée néceſſairement par des hu-

miliations & des amertumes, en sup-
pofant qu'ils euffent pu échapper à
la profcription qui devoit fuivre du
fimple foupçon attaché à leur naiffance ? Croit-on que les maris auroient
confenti en l'honneur de *Vénus*, à
courir tous les ans le rifque de voir
augmenter leurs familles, fans qu'ils
y euffent contribué ? Croit-on qu'ils
auroient volontiers fouffert dans leurs
maifons des productions honteufes,
dont il n'y auroit pas eu moyen de
fe diffimuler l'origine ?

Ç'auroit été bien là le cas de fe
précautionner contre le tort qu'auroient pu faire aux enfants légitimes
des rejetons étrangers. Un pareil
ufage auroit caufé un bouleverfement
général dans la fociété où il fe feroit
maintenu ; ou bien la mémoire des
mefures qu'auroient pris les loix
pour en prévenir les maux, fe feroit
confervée plus foigneufement encore
que celle de l'ufage lui-même. On
n'auroit pu s'arrêter à l'un fans faire
mention des autres : & dès que les

historiens ne nous parlent que du mal, sans en indiquer le remede, on peut appeller de leur témoignage en ce cas, comme dans bien d'autres, à la raison, à la nature, à l'expérience, qui ont plus de droit sur la vérification de l'histoire qu'on ne le pense communément.

Quant à ces ridicules relations qui nous représentent des contrées éloignées, où la maternité est pour les filles le chemin du mariage, je ne me lasse point de répéter qu'il y a de la méprise. Les anecdotes licencieuses qu'on raconte à ce sujet, font évidemment des abus que l'ignorance des témoins a pris pour des loix. Il y a une maniere sûre d'apprécier ces récits révoltants, & de les réduire à leur juste valeur. C'est de chercher si l'on ne trouveroit pas dans nos mœurs la matiere des mêmes préjugés pour un voyageur inattentif: c'est d'examiner si des observateurs sans jugement transportés parmi nous, n'y pourroient pas prendre de quelques-unes

de nos démarches des impreſſions gé-
nérales auſſi peu fondées.

Or, qu'on jette les yeux ſur ce qui
ſe paſſe, en *France* par exemple. Un
étranger, frappé de l'indifférence avec
laquelle on y ſupporte les infidélités,
ne pourroit-il pas en conclure, pour
peu qu'il fût auſſi inconſidéré que les
trois quarts de nos faiſeurs de deſcrip-
tions, que l'uſage chez les François
eſt de prêter ſa femme à ſes amis ? Ne
pourroit - il pas ſe perſuader & dire
hardiment à ſes compatriotes, qu'à
Paris & ailleurs la police du mariage
n'eſt point incompatible avec ces
complaiſances paſſageres, & que les
époux n'ont pas trouvé de meilleur
moyen pour éluder la loi qui rend
leurs nœuds indiſſolubles ?

Ce même homme remarqueroit une
fille notée par une réputation ſuſpec-
te, & cependant courtiſée par une
foule d'épouſeurs, pourvu qu'elle ſoit
riche, ſur - tout ſi elle eſt jolie, &
quand même elle ne le ſeroit pas. Il
verroit clairement les taches dont ſon

honneur eſt flétri diſparoître aux yeux des aſpirants, ſous le voile doré dont on le couvre. Ne ſeroit-il pas auſſi excuſable que nos fabricateurs de voyages, d'aller faire imprimer dans ſon pays, que les François ne redoutent rien tant que la fatigue attachée ordinairement à la premiere nuit du mariage, & qu'ils ne ſont jamais ſi flattés, que quand ils trouvent une femme qui les en diſpenſe?

Nous ririons ſans doute de ce conteur imbécille qui abuſeroit ainſi ſes compatriotes : nous nous éléverions contre la ſtupidité de ceux d'entre eux qui ajouteroient foi à des impertinences ſi abſurdes. Voilà pourtant l'équivalent de ce qu'on nous dit, & nous ne ſongeons pas à nous en défier.

CHAPITRE XXII.

Que si la pluralité des femmes a pu être permise aux hommes, celle des hommes n'a jamais pu l'être aux femmes.

CE n'est pas la religion seule qu'on a si indiscrétement calomniée en lui imputant une erreur si scandaleuse. On a accusé de la même erreur la politique & même la nature.

Je ne parle pas de *Plutarque*, qui raconte sérieusement que par une de ses loix, *Solon permettoit aux femmes dont le mari se trouvoit impuissant, de coucher avec qui il leur plaisoit de la famille*, & qui discute fort au long les avantages d'une telle loi. Il y a des sottises que leur antiquité met à l'abri des critiques. Je ne parlerai ici que des modernes.

Des écrivains célebres ont mis au

rang des faits vrais & croyables, la loi qui recommanderoit l'union d'une feule époufe avec plufieurs maris : pour moi je fuis vivement perfuadé qu'en accordant à un fexe un foulagement que fa façon d'être & de vivre rendoit néceffaire, on ne fe piqua point pour l'autre d'une pareille condefcendance : en effet, elle auroit eu tous les dangers, fans aucune efpece d'avantage. Il eft aifé de voir que *Puffendorf* & le *préfident de Montefquieu* ont eu trop de confiance aux voyageurs qui en ont parlé.

Pour l'auteur Allemand il cite fort au long les *Taprobanes*, les *Ictiophages*, les *Hylophages*, les *Nomades*, les *Troglodytes*, les *Agathyrfes*, & cela d'après *Diodore de Sicile*, *Solin*, *Xiphilin*, *Agathyreydes*, *Strabon* (a) : c'eft-à-dire, qu'il appuie des récits fort incertains fur le témoignage de quelques écri-

---

(a) Voyez *du droit de la nature & des gens*, liv. 6, chap. 1, n. 15.

vains plus que fuſpects, & très-peu inſtruits ; ce qui ne donne pas à ſon aſſertion une force bien concluante.

M. de *Monteſquieu*, à ſon propre ſuffrage joint une autorité d'un tout autre poids que celle de *Diodore*, ou d'*Agathyrcydes*. Il cite les mémoires de ces miſſionnaires célebres qui ont parcouru & décrit la *Chine* & ſes environs en philoſophes éclairés. Il s'appuie de leur témoignage (*b*), comme ſi en effet ils atteſtoient euxmêmes, & en qualité de témoins oculaires, le fait dont il tire ſes conſéquences.

Mais il faut obſerver pourtant que ce que diſent les miſſionnaires à l'occaſion de cette étrange eſpece de polygamie, n'eſt pas le fruit de leurs propres découvertes. L'extrait des mémoires du pere *Regis*, qui ſe trouve dans la deſcription de la *Chine* du pere *Duhalde*, citée par M. de *Mon-*

(*b*) Voyez l'*eſprit des loix*, liv. 16, chap. 4.

tefquieu, en fait bien mention, en parlant des *lamas* du *Thibet* : mais le pere Regis n'avoit pas vu lui-même les lieux où fe contractoient des mariages fi abufifs & fi révoltants. Ce qu'il en rapporte eft copié d'après la relation d'un *Chinois* envoyé au *Thibet* par l'empereur de la *Chine*, pour en lever la carte.

« Dans le compte que le feigneur
» dont j'ai parlé (dit le pere *Regis*)
» rendit à l'empereur, il ne lui diffi-
» mula pas l'infame coutume qui y
» regne (à *Boutan* dans le *Thibet*, qui
» eft la réfidence du grand *lama*, &
» d'une foule d'autres *lamas* fes prê-
» tres & fes confreres.) Il eft permis
» à une femme d'avoir plufieurs maris,
» quoique freres, & *d'ordinaire* de la
» même famille. On partage les en-
» fants en donnant à l'ainé le premier
» qui vient au monde, & aux cadets
» ceux qui naiffent dans la fuite.

» Quand on reproche aux *lamas*
» un fi honteux défordre, ils s'excu-
» fent fur le peu de femmes qui fe

” trouvent dans le *Thibet*, où en effet
” *dans des familles* on voit plus de
” garçons que de filles : excufe frivole
” qui ne fert qu'à autorifer le crime,
” & qui eft fuffifamment réfutée par
” la conduite des Tartares, qui ne
” donnent point dans de femblables
” excès (*c*). ”

Ce n'eft donc pas le pere *Regis*
qui a vu des ferrails d'hommes réfer-
vés pour l'amufement d'une feule
femme : c'eft le feigneur *Chinois* dont
le récit peut avoir été ou mal compris, ou mal rendu, ou même totalement faux. D'ailleurs même en le
fuppofant vrai, à combien d'obfervations ne donne-t-il pas lieu contre
les inductions qu'en tire l'auteur de
l'*efprit des loix* ?

D'abord il borne la coutume indé-
cente dont il rend compte, à la feule
horde des *lamas* de *Boutan*, ce qui

(*c*) Voyez la *defcription de la Chine* du pere
Duhalde, t. 4, p. 461.

ne fait qu'un très-petit canton du Thibet, qui est lui-même une médiocre partie de la *Tartarie*. Il paroît même qu'il suppose qu'elle n'a lieu que dans les familles où il y a plusieurs freres ; ce qui en feroit en quelque sorte la justification, s'il étoit possible de justifier un pareil usage.

Ensuite la maniere confuse & indéterminée dont s'explique l'auteur du récit, autorise à le soupçonner fortement de n'avoir pas bien vu. *On partage les enfants en donnant à l'ainé le premier qui vient au monde, & aux cadets ceux qui naissent ensuite.* Mais quand il n'y a que deux freres maris & plusieurs enfants, le cadet a-t-il donc la plus forte charge, ou l'ainé veut-il bien venir à son secours, & le soulager en réclamant les fruits d'une paternité si douteuse ?

Dans le cas contraire, lorsqu'il n'y a qu'un enfant, & que plusieurs peres peuvent se disputer l'honneur de lui avoir donné la naissance, est-ce encore à l'âge que la loi l'attribue ?

Pour peu que l'obſervateur eût été exact & intelligent, il auroit prévu que ces difficultés étoient inſéparables de ſon hiſtoire ; il en auroit en même temps donné la ſolution : comme il ne l'a point fait, on peut le replacer au rang des voyageurs ordinaires, qui ne racontent rien avec plus de hardieſſe dans leur pays, que ce qu'ils n'ont pas vu dans les pays étrangers.

De plus, en rapportant l'excuſe prétendue dont ſe ſervent les *lamas* pour pallier leur déſordre, l'auteur ajoute qu'en effet au *Thibet il y a des familles où l'on voit beaucoup plus de garçons que de filles.* Mais eſt-il poſſible d'en conclure que cette diſtribution inégale des ſexes ait également lieu dans tout le pays, & qu'elle puiſſe néceſſiter la proſtitution infame dont il s'agit ?

Ce n'eſt pas au *Thibet* ſeul que l'on voit des familles où le nombre des garçons ſurpaſſe celui des filles : la *France*, & ſans doute toutes les con-

trées de l'univers en font pleines :
mais la nature répare en chaque endroit l'erreur apparente qu'elle a
commife dans le voifinage. Elle cor-
rige ici à l'égard d'un fexe la profu-
fion qu'elle en a faite ailleurs : par-là
elle conferve dans l'efpece humaine
l'ordre, l'équilibre qui fe remarque
en général dans toutes fes productions. Le paffage cité n'autorife certainement pas à croire qu'elle fuive
une méthode différente au *Thibet.* Il
n'ajoute aucune force à la fcandaleufe
apologie des pontifes de *Boutan.*

Enfin on peut voir que le miffion-
naire combat fur le champ la raifon
fur laquelle fe repofe M. de *Montef-*
quieu pour la rendre probable. Il la
rapproche de l'ufage des *Tartares :*
ceux-ci habitant le même climat, de-
vroient être auffi fujets à voir naître
chez eux plus de garçons que de filles,
fi en effet cette inégalité avoit lieu :
ils auroient donc recours au même
expédient pour la rendre tolérable.
Ils n'en font pas moins reftés cepen-

dant fideles aux loix de la nature &
de la décence ; ils n'en permettent
pas moins à un feul homme de fécon-
der plufieurs femmes, tandis qu'ils
épargnent à une feule femme l'obligation accablante de répondre aux
careffes de plufieurs hommes.

CHAPITRE

CHAPITRE XXIII.

Autres citations plus scandaleuses que croyables qu'on est surpris de trouver dans l'esprit des loix.

M. de Montesquieu en faveur de la même opinion cite encore (a) les voyages de François *Pyrard*, qui assure qu'au *Malabar* la pluralité des hommes pour une seule femme est une coutume consacrée dans le pays. Mais ces hommes, à ce que dit le voyageur lui-même, sont des soldats. Il avoue que parmi les *Bramins*, c'est-à-dire, dans la partie commerçante du peuple, dans ce qu'on appelleroit ici la bonne bourgeoisie, les femmes ne se résoudroient jamais à user de ce privilege. Il est tout entier réservé

(a) Voyez l'*esprit des loix*, liv. 16, chap. 5.

pour l'état militaire, & M. de *Montefquieu* s'efforce d'en trouver la raifon.

" *En Europe*, dit-il, on empêche
" les foldats de fe marier : dans le
" *Malabar* où le climat exige davan
" tage, on s'eft contenté de leur ren
" dre le mariage auffi peu embarraf
" fant qu'il eft poffible : on a donné
" une femme à plufieurs hommes : ce
" qui diminue d'autant l'attache pour
" une famille, & les foins du ména
" ge, & laiffe à ces gens l'efprit mili
" taire (*b*). "

Cette explication eft ingénieufe, comme toutes celles du même auteur : mais n'auroit-il pas été plus fimple & plus vrai de foupçonner que François *Pirard* s'eft trompé ? Il a vu plufieurs *naïres* ou foldats gentilshommes du *Malabar*, s'accorder à jouir paifiblement des faveurs d'une maîtreffe commune : il en a conclu que cet

---

(*b*) Voyez l'*efprit des loix*, mêmes liv. & chap.

accord étoit fous la protection de la loi.

Mais nos camps & nos garnifons offrent tous les jours le même fpecta-cle. Un *Indien* qui en auroit été frap-pé, feroit-il bien fondé à prétendre que la proftitution de nos vivandieres eft une loi de l'*Europe* ? Lui pardon-neroit-on d'aller gravement le publier dans fon pays ? Et fi quelque Brami-ne, en expliquant fon récit à fes com-patriotes, leur difoit que c'eft fans doute pour attacher davantage nos foldats à leur métier, pour leur épar-gner les diftractions que caufent les enfants & le ménage, qu'on les pouffe à des unions qui rendent le mariage auffi peu embarraffant qu'il eft poffi-ble, ne feroit-on pas recevable à penfer que l'auteur du conte, & fon commentateur n'y ont pas affez ré-fléchi ?

Qu'il me foit permis de le remar-quer en paffant. M. de *Montefquieu* critique fi éclairé, fi bon juge d'ail-leurs, eft à l'égard des récits extraordinaires des voyageurs d'une crédulité étonnante, sur-tout quand les singularités qu'il y trouve, donnent lieu à des explications nouvelles. Alors il s'y livre avec la confiance la plus entiere, & au point de choquer ses propres principes.

Ainsi, par exemple, au *chapitre* 12 du livre 16 de son *esprit des loix*, il pose comme un axiome incontestable que *la* nature *a parlé à toutes les nations en établissant la* pudeur, *qu'elle a été la premiere législatrice des deux sexes, qu'elle a donné à l'un la témérité, à l'autre la honte.* Au chapitre 10 du même livre, il dit que c'est en Orient *qu'on voit jusqu'à quel point les vices du climat, laissés dans une grande liberté, peuvent porter le désordre. C'est là que la* nature *a une force, & la* pudeur *une foiblesse qu'on ne peut comprendre;* & la preuve, c'est que, suivant le recueil des voyages qui ont servi à l'établissement de la compagnie des *Indes, la lubricité des femmes est si grande à* Patane, *que les hommes font contraints de fe faire de certaines garnitures pour fe mettre à l'abri de leurs entreprifes.*

N'y a-t-il pas d'abord une contradiction évidente dans les maximes qui donnent lieu à cette étrange citation ? La *nature* eft-elle autre chofe que le *climat* ? Si la *pudeur*, comme on n'en fauroit douter, eft l'ouvrage de l'une, peut-elle être détruite par l'autre ? En fuppofant même qu'il y ait quelque différence entre la *nature* & le *climat*, quel peut être l'effet de celui-ci, finon de fortifier la *nature* ? & alors comment fe feroit-il que fa force redoublée affoibliffe la *pudeur* qu'elle produit ? Affurément s'il y a dans tout ceci quelque chofe qu'on ne puiffe pas comprendre, c'eft qu'un homme éclairé ait adopté un pareil raifonnement.

Enfuite l'exemple par lequel il le juftifie devoit-il être préfenté fans réferve & fans examen par un philofophe auffi judicieux ? Qu'un de ces marchands groffiers tels que ceux dont les mémoires ont servi à la compilation citée, se soit senti choqué des avances que faisoient quelques filles de *Patane* à des matelots empreßés d'en profiter : qu'étant âgé, où ayant le scorbut, il s'en soit trouvé importuné, & que dans son chagrin il ait jugé des mœurs des femmes de toute la nation, par celles de quelques servantes de cabaret, je n'en suis pas étonné. Mais que cette méprise de sa mauvaise humeur & de son ignorance soit incorporée dans un livre aussi grave que l'*esprit des loix* : qu'elle y devienne l'occasion & la base d'une maxime sérieuse & fondamentale : qu'elle y légitime aux yeux de l'auteur les conséquences les plus révoltantes & les plus contradictoires ; c'est ce que je ne saurois me lasser d'admirer.

M. de *Montesquieu* étoit trop instruit pour ne pas connoître la position de *Patane*. C'est le même climat, ce sont les mêmes mœurs, les mêmes coutumes, les mêmes loix, la même

religion que dans le reſte de l'Inde.
On y trouve des *Siamois* qui y domi-
nent, des *Chinois* qui y commercent
ainſi que des *Banians*, des *Mogols*,
des *Malais*; & le *mahométiſme* eſt le
culte le plus généralement reçu. La
jalouſie des maris, la clôture des
femmes y ſont en uſage de même
que dans l'*Aſie*. Je demande comment
tout cela s'accorde avec la néceſſité
des garnitures.

Je le répete, il y a ſans doute à *Patane*, comme par-tout ailleurs, des
filles officieuſes qui offrent pour de
l'argent des plaiſirs & des remords :
mais regarder leur complaiſance
comme une preuve de l'influence du
climat, croire que les hommes aient
beſoin contre elles d'une autre ſauve-
garde que de bien ſerrer leur bourſe;
peindre en conſéquence tous ceux
d'un grand royaume armés, cuiraſſés,
non pas pour ſe préſenter au combat,
mais pour le fuir; c'eſt, j'oſe le dire
hardiment, parce que rien n'eſt ſi
vrai; c'eſt une abſurdité que le grand

nom de M. de *Montefquieu* lui-même ne fauroit couvrir.

Une nation où les hommes feroient réduits à cette étrange efpece de lâcheté feroit bientôt détruite : mais encore une fois, on ne rifque rien à rejeter une fi ridicule anecdote. Nous marchons bien fans garniture, & affurément s'il y avoit quelque lieu dans le monde où l'on en eût befoin, ce feroient les rues de *Paris* & de *Londres*, lorfque le retour de la nuit y ramene une finguliere forte de chauves-fouris qui fympathifent rarement avec le foleil. C'eft alors qu'un étranger à pied feroit excufable de fonger à mettre en pratique l'expédient attribué aux habitants de *Patane* : mais il ne le feroit pas de dire qu'il eft néceffaire dans toute la *France* ou dans toute la *Grande-Bretagne*. Il ne le feroit pas d'en inférer qu'un homme a tout à craindre auprès des femmes de ces deux pays, s'il n'a foin de mettre entre elles & lui, un rempart qui le garantisse de leurs entreprises.

Je reviens au sujet que je traite dans ce chapitre ; quoi qu'on en dise, la pluralité des femmes n'est point révoltante, & elle peut être utile. Celle des hommes seroit le comble de l'indécence & de l'inutilité. La premiere favorise la population : mais la seconde la détruiroit dans sa source.

La nature est économe des plaisirs mêmes qu'elle nous permet de goûter. C'est à leur modération qu'elle en attache la récompense. Dès qu'on les pousse au delà du terme qu'elle a marqué, ils commencent par être infructueux, & bientôt après ils deviennent insipides. L'excès est toujours la mesure, soit de l'inutilité ; soit de l'insensibilité qu'il produit. Aussi voit-on qu'il n'y a rien de si stérile que la débauche chez les femmes. Un moyen sûr d'en prévenir les suites pour celles qui mettent la fécondité au nombre de ſes dangers, c'eſt de s'y livrer ſans réſerve.

Ce remede criminel n'a jamais pu être légitimé par les loix civiles. Leurs auteurs n'ont peut-être pas toujours eu en vue une utilité réelle : mais nulle part ils ne ſe ſont oubliés juſqu'à autoriſer des déſordres, à moins qu'ils ne les aient cru favorables à l'augmentation des peuples qu'ils dirigeoient (c). Or, celui-ci ne pouvoit produire qu'un effet abſolument contraire. Par conſéquent on ne ſauroit dire qu'il ſoit entré dans aucun ſyſtême de légiſlation, quoique l'uſage en ait été ſouvent introduit dans la pratique par la corruption des ſiecles polis.

(c) Comme *Lycurgue*, *Solon*, ſi pourtant l'idée qui nous reſte de leurs loix eſt vraiment celle qu'on en doit avoir.

CHAPITRE XXIV.

Que la servitude civile des femmes n'est point une suite du despotisme, comme l'a cru M. de Montesquieu, & qu'on peut même dire le contraire.

TERMINONS ce livre par une réflexion importante. Cet esclavage civil des femmes né au milieu de l'anarchie la plus entiere, & par conséquent de la plus grande liberté, au moins pour ceux qui ravissoient celle de tous les autres, M. de *Montesquieu* le regarde comme l'apanage du despotisme. Il présente au contraire leur réhabilitation dans les droits de l'espece humaine, comme un des ressorts du gouvernement monarchique & modéré.

A l'en croire, si elles sont renfermées en *Asie*, si elles y font partie du bien de leur mari, si leurs gains

de noces y font bornés à la fimple
fubfiftance, fi enfin elles y font con-
damnées à paffer dans les ferrails une
vie uniforme, tranquille, retirée,
propre à raffurer la délicateffe foup-
çonneufe du maître, & à éteindre,
ou du moins à endormir leurs paffions, c'eft que les peuples eux-mêmes y font affervis : c'eft que dans
ces contrées où tous les cœurs font
glacés par le fouffle empoifonné du
defpotifme, les caprices, la légére-
té, l'indifcrétion du fexe occafione-
roient des orages, & le mal que cau-
feroient fes intrigues ne feroit pas
compenfé par le plaifir d'une focieté
fans contrainte (*a*).

Mais dans une *monarchie* ces mêmes
défauts, tempérés par le defir de plaire, modifiés, incorporés avec la dou-
ceur de l'adminiftration, deviennent
l'aliment de l'honneur, & la fource

____

(*a*) *Efprit des loix*, liv. 7, chap. 9, 15 ; liv. 16,
chap. 9, &c.

de l'induſtrie. Le goût des femmes pour les bagatelles donne de l'activité aux génies inventeurs, & favoriſe le commerce des ſuperfluités agréables. Leur éloignement pour les violences rend les cabales moins dangereuſes. Leur ſenſibilité naturelle pour tout ce qui eſt grand & noble, impoſe à quiconque s'attache à elles, la néceſſité de ſe diſtinguer par l'élévation du cœur. De ces différents effets combinés, il ſe forme un ton de galanterie générale qui devient celui de la nation, qui enchaîne la jalouſie, qui, ſans autoriſer préciſément le déſordre, empêche de le ſoupçonner, & fait que les femmes en paroiſſant ſe réſerver *aux plaiſirs d'un ſeul, ſervent encore à l'amuſement de tous* (*b*).

Comme d'ailleurs M. de *Monteſquieu* a poſé pour principe, & même pour axiome fondamental, que le deſpotiſme étoit le gouvernement natu-

----

(*b*) *Eſprit des loix*, liv. 16, chap. 11.

rel de l'*Orient*, tandis que la monarchie étoit l'adminiſtration convenable
au climat du nord, il ne lui eſt pas
difficile d'expliquer par ſa théorie le
fait réellement exiſtant, & de faire
voir pourquoi la ſervitude eſt le partage des femmes en *Aſie*, tandis
qu'elles jouiſſent en *Europe* de la plus
douce liberté.

On ne ſauroit montrer plus d'eſprit
qu'il ne l'a fait en développant toutes
ces maximes ; il n'étoit pas poſſible
de les approprier avec plus d'adreſſe
& d'agrément au ſujet qu'il traitoit.
Mais l'eſprit & l'agrément ne ſont
rien, quand il s'agit de la vérité &
de l'expérience. Or il me ſemble
qu'elles conduiſent à des principes
directement oppoſés à ceux de M. de
Monteſquieu.

Elles nous apprennent qu'en général dans tous les climats, ſous tous les
gouvernements, la liberté civile des
femmes eſt toujours en raiſon inverſe
de la liberté politique des hommes.
Elles ſont plus eſclaves & plus ren-

fermées, à proportion de ce que l'état est plus libre ; & plus libres au contraire, moins retenues à mesure que le despotisme & l'esclavage y font plus de progrès (c).

Ce ne font ni les degrés de latitude, ni les différentes formes d'administration qui nécessitent leur clôture ou leur indépendance : c'est uniquement la liberté politique de leurs maris, qui dépend uniquement aussi de la corruption ou de la sévérité des mœurs : & comme les mœurs peuvent être saines ou dépravées dans toutes les especes de gouvernements, il s'ensuit que la liberté des femmes n'a rien de commun avec eux, ou que si elle y a quelque rapport, ce n'est précisément que celuï de les corrompre ou de les énerver.

(c) *A Vénise*, qui est peut-être le plus corrompu & le plus despotique de tous les gouvernements, les femmes jouissent aujourd'hui d'une très-grande liberté. Elles ont été resserrées tant qu'il y a eu des mœurs dans cette république. C'est la même chose en *Espagne*, parmi nous, & par-tout,

Le *despotifme* ne peut naître que de la corruption : mais celle-ci eſt toujours accompagnée, & peut être même occaſionée par la rupture des liens que les mœurs donnoient aux femmes. Tant qu'une difcipline exacte les contient dans la retraite, on voit fleurir dans une nation le courage & la vertu. On y joindra encore la groffiéreté : à la bonne heure : mais cette groffiéreté apparente n'eſt pas un obſtacle à la politeſſe eſſentielle qui fait le bonheur des empires & des particu'iers.

Quand elles ſortent de cet afyle, on voit éclorre avec elles la bravoure & la galanterie. On les flatte que c'eſt un gain pour elles, & il y auroit bien lieu d'en douter : mais c'eſt affurément une perte pour l'état. Ces qualités factices qui ne font ni des vices, ni des vertus, mais des mafques qui les cachent ou les imitent, s'évanouiffent en peu de temps, comme toutes les productions de l'art. Elles font bientôt place à la molleſſe & au li-

bertinage, qui font plus dans la nature, & par conféquent plus durables.

Alors les corps s'énervent, les ames
s'aviliffent, les loix fe détruifent. Les
femmes regnent par le luxe ; & le
defpotifme s'établit par le luxe & par
elles. Telle eft la marche invariable
des empires, & de leur vigueur ou
de leur décadence, dans tous les
climats, fous toutes les adminiftrations, indépendamment des caufes
ou phyfiques ou morales. Il ne faut
qu'ouvrir l'hiftoire pour s'en convaincre.

Certainement il n'y avoit rien de
fi libre, de fi peu façonné au joug que
les brigands affociés à *Romulus* pour
la fondation de la ville de *Rome*.
Leur prétendu *roi* n'étoit qu'un chef
foumis lui-même aux loix qu'il avoit
faites, & bien moins puiffant que ne
le furent depuis les *confuls* de leurs
defcendants.

Quand il s'agit de fixer leur légiflation, leur premier foin fut de s'at-

tribuer fur leurs femmes le droit de vie & de mort : ils leur interdirent le divorce qu'ils fe permettoient (*d*). On pouvoit les tuer quand elles avoient bu du vin. Elles étoient bannies des repas, des fêtes. Elles ne paroiſſoient pas même en public. Elles vivoient dans une tutelle perpétuelle : au défaut du pere, du mari, c'étoit le frere, ou un autre parent qui devenoit leur guide & leur maître.

Leur état s'adoucit imperceptiblement fous l'adminiſtration confulaire, qui n'introduifit dans *Rome* une liberté orageufe, que pour la livrer par degrès à l'oppreſſion la plus tyrannique. Ce fut alors que les femmes acquirent le droit de concourir au divorce, ou même de le demander. Elles fe hafarderent dans les compagnies. On les admit aux feſtins. Mais ce ne fut que fous les *empereurs* qu'elles

____

(*d*) Voyez l'*hiſtoire de la jurifprudence Romaine*, & tous les livres qui ont traité de cette matiere.

en firent les agréments. Dès cet inftant elles rentrerent peu à peu dans
toutes les fonctions de la vie civile.
Elles participerent au gouvernement
à mefure que la tyrannie & le defpotifme augmentoient.

Livie avoit joui d'un grand pouvoir
fur *Augufte* & fur l'empire. *Meffaline*,
Agrippine, *Poppée*, dirigerent publi-
quement les *Claudes*, les *Nérons*, &
par eux tout l'univers. Infenfiblement
on en vint au point d'abroger toutes
les anciennes loix qui reftreignoient
les droits du fexe ; & celle de *Jufti-*
nien qui eft l'époque de la plus grande liberté civile pour les femmes, eft
auffi celle de la perfection du defpotifme chez les *Romains*.

On pourroit détailler mille autres
preuves dont il réfulteroit la même
conféquence. On pourroit faire voir
que la liberté indéfinie des femmes a
toujours été proportionnée à la dé-
pravation des mœurs, & que fi ce
n'eft pas une des plus fûres reffources
du defpotifme, c'en eft au moins une

des plus féduifantes, & des plus infé-
parables compagnes (*e*).

On me citera, je le fais, l'exemple
des *Afiatiques*. Mais loin d'ébranler
ce que j'avance, il le confirme. Les
Afiatiques font de tous les peuples les
plus éloignés du *defpotifme*. J'ai expliqué ailleurs (*f*) ce que j'entends par
ce mot. J'ai développé à combien de
méprifes il a donné lieu. En rappro-
chant ce que j'en dirai, de ce que
j'en dis ici, on verra combien font
abfurdes toutes les dénominations
odieufes que nous donnons au gouvernement des *Turcs* & des *Perfans*.

On verra qu'au lieu de gémir fous
une oppreffion auffi trifte que nous
nous l'imaginons, les peuples orientaux font réellement plus libres que
nous, avec ces foules de loix enfan-
tées & multipliées au milieu de la

(*e*) Voyez à ce fujet la fin du liv. 4 de cet
ouvrage.

(*f*) Voyez le traité du *plus heureux gouvernement*.

barbarie anarchique du *Septentrion*. On aura lieu de se convaincre que leur climat & leur gouvernement n'ont pas influé sur le soin avec lequel ils ferment leurs serrails, & que s'ils sont encore dans l'usage d'acheter ou de captiver les beautés auxquelles ils s'unissent, ce n'est pas chez eux l'effet d'un pouvoir arbitraire & accablant, mais de leur fidélité à suivre d'anciennes mœurs qui leur ont été transmises avec les premiers principes de la société.

CHAPITRE XXV.

Conclusion de ce livre.

IL s'en faut bien que j'aie dit sur ce sujet tout ce que j'aurois pu dire : je suis fort éloigné d'avoir épuisé la matiere : mais j'ai posé le principe général & fondamental. J'en laisse le développement aux réflexions des lecteurs. Il me suffit d'avoir démêlé la maniere dont s'est fait incontestablement, suivant moi, le passage de la vie libre & anarchique des premiers hommes sauvages, à l'état d'empire ou de sujétion que nous ont transmis les premiers hommes policés.

Dès que le mobile secret qui les poussoit à s'unir ensemble fut étendu & modifié, dès que l'intérêt commun des usurpateurs eut soumis cette union à des réglements publics & res-

pectables pour tous ceux qui prétendoient s'en prévaloir, il fallut en
faire l'application aux différents objets qui en étoient susceptibles. J'ai
démontré quel en avoit été l'effet relativement à l'union des deux sexes.
J'ai fait voir par quelle considération
s'étoit établie sa premiere police,
dont les traces subsistent encore par
toute la terre, quoiqu'il y ait des
pays où elle soit plus ou moins dé-
générée ou perfectionnée.

Pour prévenir les querelles de la
cupidité, on avoit déterminé la possession des champs & des mains attachées à les fertiliser. Dans la même
vue on fixa celle des femmes dont le
commerce alloit désormais faire une
des plus importantes occupations de
la vie, & procurer des soutiens à
cette société qui s'élevoit. Mais dans
son développement on suivit la même
marche que dans sa formation. Le second état qu'elle reçut, fut de la même matiere que le premier. Tous deux
furent également tirés de cette tige

commune de tous les établissements postérieurs, de ce grand principe d'une propriété exclusive qui en est la base.

On avoit commencé par réduire en esclavage la partie du genre humain destinée déformais à nourrir l'autre par son travail. On soumit à peu près à la même dépendance celle qui étoit spécialement consacrée à le perpetuer. Le petit nombre des propriétaires en faveur de qui la législation se formoit, vouloit que sa jouissance fût paisible & absolue. Ils prétendoient se mettre à l'abri des rivalités & des disputes. Ils exigerent qu'on leur assurât la propriété entiere & sans réserve, de la personne même des compagnes qu'ils associoient d'une maniere durable à leurs destinées.

Ayant une fois restreint, perverti l'usage des dons de la nature, ils ne permirent plus que rien fût exempt de l'assujettissement auquel ils avoient réduit tout ce qui les environnoit. Ils

porterent

porterent la contrainte au milieu même des plaifirs les plus doux. Ils forcerent l'amour de dépofer fon flambeau dans les mains de la fervitude, & naturaliferent la fujétion parmi les tranfports les plus faits, ce femble, pour affermir la liberté.

Telle fut l'origine & l'inftitution politique du mariage. L'afferviffement du fexe en fut le fceau, & la premiere condition. Les femmes n'entrerent dans la tente d'un époux que comme faifant elles-mêmes partie des biens qu'elles alloient adminiftrer. Cette maxime fondamentale s'eft perpétuée jufqu'à nos jours dans les pays où elle eft née. Elle eft encore l'abrégé de la jurifprudence de toute l'Afie fur cette matiere ; & fi elle ne fert pas à y éternifer la pureté des mœurs, il eft fûr qu'elle en écarte la corruption.

Cependant, il faut l'avouer, cette efpece de facrifice des droits d'un fexe fut accompagné d'un dédommagement réel. La légiflation en aggravant d'un côté l'état pénible des femmes, travailla efficacement de l'autre à l'adoucir. Elles perdirent leur liberté; mais elles gagnerent un défenseur intéressé à les protéger. En se mariant elles reçurent un maître, mais elles s'assurerent d'un appui: & cette dépendance devint peut-être plus utile pour leur foiblesse, que le libre usage de leur volonté n'auroit pu paroître agréable à leur orgueil.

Il est certain que la nature leur a vendu bien cher la prérogative de contribuer à la naissance des hommes: elle leur a laissé toute l'incommodité des préliminaires qui l'annoncent, & tout l'embarras des fatigues qui la suivent: elle n'a donné en partage aux mâles que les plaisirs qui la préparent. Telle est la regle générale à laquelle toutes les femelles sont soumises par leur état. C'est ce qui se voit encore chez tous les animaux qui n'ont su ni l'éluder, ni la réformer.

Chez les hommes je ne sais si l'on

doit croire que le premier vœu des légiflateurs ait été de l'adoucir : mais il eft fûr que ce fut un des premiers effets de leurs inftitutions. Il en réfulta imperceptiblement entre les deux fexes le rétabliffement d'un équilibre plein de juftice, que la nature fembloit avoir négligé. Dès qu'il y eut, pour quiconque prétendit à la fatisfaction de fe donner une poftérité, une obligation inviolable de fe laiffer marquer, pour ainfi dire, d'un figne fixe ; dès qu'en confacrant une femme aux careffes d'un feul homme, on eut affigné une caufe non méconnoiffable aux effets qui devoient en réfulter, les devoirs du pere devinrent plus étendus, & ceux de la mere moins accablants.

Le premier ne pouvoit douter que les fruits de fon union ne lui appartinffent véritablement : il étoit certain qu'ils avoient fait une partie de lui-même, qu'ils fortoient de fa propre fubftance : il fe trouva dès-lors porté à les envifager avec tendreffe, à leur donner des secours, qu'il pouvoit leur refuser dans l'état primitif de son espece. Il se prêta volontiers à concourir lui-même à leur éducation, à suppléer à leur foiblesse, à diriger leur ignorance, à aider sa compagne dans tous les soins qu'elle en prenoit, enfin à se charger d'un fardeau pour lequel originairement il ne sembloit pas fait.

Mais toutes les fatigues qu'il prenoit sur lui, étoient un soulagement pour la femme à qui il les épargnoit. Elle même put regarder la perte de sa liberté comme une compensation des travaux auxquels vouloit bien concourir son accusé devenu son maître. L'idée d'empire qui y étoit attaché les rendit moins rebutants aux yeux de celui-ci ; & de ces différents sentiments tempérés l'un par l'autre, se formerent les relations entre les peres & les enfants dont nous allons parler.

THÉORIE
DES LOIX CIVILES,
O U
PRINCIPES FONDAMENTAUX
DE LA SOCIÉTÉ.

LIVRE TROISIEME.

Du développement des loix relativement à l'ordre intérieur des familles, & à la transmission des biens par succession, ou par testament.

CHAPITRE PREMIER.

De l'origine de l'amour des peres pour leurs enfants.

Nous venons de le dire dans le véritable état de nature, c'est sur les femelles feules que tombent les peines attachées à l'enfantement des petits, & la néceffité de fournir leur fubfiftance.

Dès que cet état eft détruit, dès que celui où l'indépendance phyfique & mutuelle qui en réfulte cede à l'affujettiffement moral qui naît de la fociété, dès-lors les maris fe trouvent aftreints à leur tour à des obligations moins féveres peut-être, mais auffi conftantes. Elles font plus volontaires de leur part, & cependant il n'eft guere plus en leur pouvoir de s'y dérober. La feule différence réelle qui s'y trouve, c'eft qu'en les éludant, le pere ne s'expoferoit qu'à des remords, au lieu que la mere courroit le rifque d'un châtiment prompt & corporel (a). C'eft bien toujours la

____

(a) La nature affervit les meres à s'attacher au fruit qu'elle a fait concevoir & croître dans leurs entrailles. Elle leur ordonne de lui fournir des aliments quand il en eft forti. Pour les empêcher de fe fouftraire à cette obligation, elle a fait dépendre nature qui agit alors sur le cœur du mâle : mais elle emploie pour le mouvoir un ressort différent. Le lien dont

leur santé, & en quelque sorte leur propre existence, de leur exactitude à l'accomplir.

Leur sein se gonfle dans le temps d'une liqueur bienfaisante, consacrée aux besoins de leur éleve. Si elles ont la dureté de lui en refuser l'usage, si les vains plaisirs de la société, ou une délicatesse inhumaine ne les rendent sourdes aux pleurs par lesquels il réclame leur pitié & leur rappelle leurs devoirs, cet aliment qui devoit lui être salutaire se change à leur égard en un poison terrible. Il reflue dans leur sang : il en infecte la masse : il l'allume, il l'embrase : de longues douleurs avec les plus cruels accidents les punissent de leur coupable indifférence ; & souvent elles reçoivent la mort de cette source de vie dont elles n'ont pas eu honte de priver l'enfant confié à leur soin.

Voilà sans doute un signe de sujétion bien caractérisée pour les meres, &, comme on voit, elle est toute relative aux besoins des petits. Ils sont en droit de l'exiger : mais comme ils ne seroient pas en état de se faire obéir, la nature a pris sur elle de nécessiter cette obéissance. Elle a voulu que leurs larmes fussent un signal auquel une mere tremblât de se refuser. Elle a tout arrangé de façon que la barbarie du refus ne pût manquer d'être suivie d'une peine infaillible & prompte.

H 4

elle fe fert pour le fixer près du nouveau né eft autrement tiffu.

En général, elle nous a donné à tous un penchant à la commifération pour les individus femblables à nous. Il nous porte à les plaindre dans leurs douleurs, à les foulager dans leurs fouffrances. Ce fentiment fecret & puiffant, la fociété en diminue la force : elle en reftreint l'effet. Elle lui impofe filence dans prefque toutes les occafions.

Dans celles mêmes où elle n'en étouffe pas la voix, elle la rend prefque entiérement inutile. Des intérêts particuliers qui font fon ouvrage, empêchent qu'on ne fe livre à des fenfations qu'elle anéantit ; & quoiqu'elle n'ait pu changer tout-à-fait notre conftitution, quoique les fibres de l'oreille faites pour tranfmettre au cœur une fenfibilité compatiffante, quand de certains fons les frappent, continuent toujours à s'acquitter de leurs fonctions, il n'en eft pas moins vrai qu'en vivant enfemble nous nous accoutumions à écarter ce fentiment importun, qui troubleroit trop fouvent notre repos.

C'eft de ce mobile rendu inefficace à l'égard d'une grande partie de nos pareils; c'eft, pour ainfi dire, de ce fuperflu de la commifération que la nature avoit deffein de nous infpirer pour eux tous, qu'elle compofe dans le cœur du pere l'inftinct nouveau qui l'attache auprès de fes enfants : c'eft aux dépens de la pitié pour les autres hommes, qu'elle forme l'amour paternel. L'une s'accroît des pertes de l'autre, & le mari s'accoutume à regarder les petits que fa femme allaite, avec d'autant plus de tendreffe, qu'il éprouve plus d'indifférence pour le refte du genre humain.

Expofez du vin foible & pâle à une grande gelée; fes efprits émouffés d'abord par leur égale difperfion dans toute l'étendue de la liqueur, fe refferrent bientôt fous la croûte épaiffe dont le froid la couvre. Ils fe raffemblent dans un foyer commun ; ils y acquierent par leur union une activité furprenante : & tandis que l'enveloppe extérieure deftituée de ces fels pénétrants n'offre plus qu'une maffe morte, fans action & fans faveur, au deffous fe forme une quinteffence fpiritueufe & limpide, qui flatte autant l'œil par fa netteté, qu'elle étonne le goût par fa vigueur.

Il en eft de même de ce mouvement aveugle, qui, dans l'état de nature, nous porte, fans exception, vers tous les hommes qui fouffrent. Dès qu'une fois la fociété a glacé les cœurs où il eft épars, dès qu'elle en a concentré la force dans la cabane où l'homme renferme déformais tout ce qui lui appartient, dès qu'elle l'a amené au point de regarder comme indifférent pour lui tout ce qu'une muraille fépare de lui, & de ne confidérer comme dignes de le toucher que les objets qui reftent perpétuellement fous fes yeux, ou dans fon voifinage, cette impulfion qui le maî-

trifoit à l'approche de tous les êtres
de fon efpece, fe borne à un cercle
bien plus étroit. Elle y acquiert une
activité proportionnée à la petiteffe
de l'efpace auquel elle eft réduite.

Alors elle y agit avec d'autant plus
de violence qu'elle y eft plus refferrée.
Elle ne faifoit auparavant qu'ébranler
les ames ; à préfent elle les déchire :
dans l'enceinte étroite où la famille
refte déformais ifolée, les moindres
marques de fouffrance que donnera
l'un de ceux qui la compofent, affec-
teront l'autre plus vivement que les
cris & les foupirs d'une foule d'étrangers auxquels il ne prend plus d'intérêt.

Avec cette fituation d'efprit, que
l'on examine ce qui dut fe paffer dans
les cabanes où s'étoient prêtés les
premiers ferments, qui avoient livré
une femme aux tranfports exclufifs
d'un feul homme. Qu'on fe repréfente
à quelle fcene donna lieu l'arrivée de
ce moment, où après neuf mois d'attente , il fallut mettre au jour avec

douleur le fruit de l'union voluptueu-
se, qui l'avoit précédé. Ce fut là sans
doute le triomphe de la sensibilité
conjugale, & l'époque de la tendresse
paternelle.

Cette scene attendrissante de l'ac-
couchement fut le piege où se perdit
l'indifférence que la nature avoit
donnée au pere sur les suites de ses
plaisirs. Il ne fut plus maître de lui-
même dans cet instant où les cris de
la mere sont interrompus par les
pleurs de l'enfant, où malgré l'appareil & l'épuisement du travail, elle
envisage à la fois avec une satisfaction douloureuse le fruit de ses pénibles efforts, & le mari qui en est le
témoin, après en avoir été la cause.
Ce tableau, si propre à remuer les
cœurs les plus féroces, fit infailliblement une impression profonde sur les
premiers hommes aux yeux de qui il
se présenta.

Chacun d'eux suspendu entre son
épouse gémissante & le tendre objet
de ses caresses; chacun frappé de la

fenfibilité de l'une, de la foibleffe de l'autre, & des larmes de tous les deux, fe fentit agité à ce fpectacle touchant de l'émotion la plus vive. L'amour & la pitié acheverent bientôt de le pénétrer, quand les vagiffements de cette innocente créature qu'il venoit de recevoir dans fes bras, ébranlerent pour la premiere fois fon oreille, & firent retentir jufqu'au fond de fon cœur, cette voix impérieufe de la nature, que le nouvel état des chofes fembloit condamner à fe taire pour toujours.

Il acquit alors en quelque forte d'autres fens, & des idées jufque-là inconnues pour lui. Emporté par un fentiment involontaire, mais irréfiftible, en fe penchant vers la mere, pour effuyer fes larmes, il preffa l'enfant contre fon fein avec une compaffion affectueufe. Il fe fentit incapable de s'en détacher quand il l'auroit voulu. Il ne lui fut plus poffible de s'en éloigner fans inquiétude. Si dans ce premier inftant il ne put pas difputer à fa compagne le plaifir de lui donner la nourriture, il partagea du moins avec empreffement les autres foins qui affuroient fa défenfe & fon repos.

Pour avoir toujours fous les yeux ce gage d'un amour que la fécondité redoubloit, ils le placerent au milieu d'eux. Leurs regards fe croifoient en paffant fur fon berceau. Leurs ames confondues fur cet afyle de la foibleffe & de l'innocence, y puifoient déformais de nouveaux feux, & une exiftence nouvelle. Tel fut le principe qui donna à la mere un affocié robufte, dans les fonctions pénibles de fon état. Tel fut le mobile qui procura à l'enfance un gardien vigilant, & un protecteur affidé.

CHAPITRE II.

Du pouvoir des peres sur leurs enfants;
qu'il fut sans bornes, & une suite
de l'esprit de propriété.

MAIS bientôt ces rejetons chéris
devinrent des rivaux. Ces enceintes
exclusives, où la propriété s'étoit
cantonnée avec orgueil, se remplis-
soient insensiblement d'une multitude
d'habitants qui pouvoient lui devenir
suspects, & qu'il ne lui étoit plus permis d'en bannir. Ces chaumieres de-
venues l'asyle de l'usurpation & le
théatre de la jouissance, se peuploient
en peu d'années d'une foule de nouveaux individus, égaux en forces,
& supérieurs en nombre à ceux qui
les avoient bâties. Il falloit assigner
à ce surcroît de consommateurs un
rang sur la terre hérissée de divisions,
d'enclos, couverte de parcs tracés

par la violence, de foſſés creuſés par l'avarice.

En qualité d'hommes ils devoient y exercer des droits, & y faire redouter des troubles, en qualité d'hommes pleins de paſſions & de deſirs. Un ſang bouillant les rendoit entreprenants. La cupidité développée dans leurs cœurs par l'exemple de la jouiſſance, pouvoit les rendre injuſtes. Aucun des rapports moraux qui font aujourd'hui la force & le lien de la ſociété n'exiſtoit encore. Rien ne pouvoit leur donner l'idée du prix attaché au dévouement reſpectueux d'un fils pour l'auteur de ſes jours. Ils ne pouvoient pas concevoir la ſatisfaction intérieure qui naît d'un ſacrifice déſintéreſſé de la volonté, fait par reconnoiſſance pour une longue ſuite de bienfaits.

Je conçois que tant que duroit la vigueur du pere & la foibleſſe des enfants, le premier pouvoit reſter tranquille, & les ſeconds dépendants. Mais quand la proportion changeoit entr'eux, quand l'âge donnoit aux uns autant de forces qu'il en ôtoit à l'autre, combien celui-ci ne devoit-il pas être inquiet, que ceux-là n'abusassent enfin contre lui du droit violent dont il avoit contribué à donner le premier exemple.

Les propriétaires, condamnés à trembler déformais au milieu de leurs propres domaines, alloient se voir réduits à une vie d'autant plus malheureuse, que ces ennemis dont ils se défioient, avoient été élevés dans leur sein. Ils en avoient volontiers protégé l'enfance. Ils s'étoient accoutumés à les chérir & à les confidérer avec tendreffe. Les bannir répugnoit à leur cœur, & ce n'auroit pas été d'ailleurs un parti fûr. Ç'auroit été fournir un prétexte à l'injuftice, & animer la cupidité par le défefpoir. On prit un chemin plus doux & beaucoup plus fage. On employa un remede qui produifoit plus de biens qu'on ne redoutoit de maux des inconvénients qu'il fit difparoître.

Pour cela, au lieu d'admettre les

enfants à partager la propriété, on les y foumit eux-mêmes. Pour les empêcher de la troubler, on leur fixa une façon d'être qui les obligeoit de se considérer comme en faisant partie. On les pria de bonne heure à une foumiffion entiere, à une dépendance abfolue. Tout fut permis contr'eux à la main qui adouciffoit ce droit de rigueur, par un mêlange de bienfaits, & rien ne leur fut permis contre elle. On l'autorifa à punir le moindre écart comme une révolte, & à févir fans pitié contre l'ombre d'une défobéiffance.

C'eft un fait qu'il n'eft pas poffible de révoquer en doute : il eft démontré par tous les monuments hiftoriques qui nous reftent de l'antiquité. Il n'y en a pas un qui ne nous faffe voir les premiers *légiflateurs* occupés à élever aux peres dans le fein de leurs familles un trône indépendant. Par-tout on les érige en defpotes arbitraires. Par-tout on leur attribue fur les enfants qu'ils ont fait naître, la même autorité qu'au jardinier fur les arbres qu'il a plantés.

Cette loi eſt établie de temps immémorial. On la voit en vigueur chez tous les peuples dont l'origine nous eſt un peu connue. Elle a été adoptée par les *Indiens*, par les *Perſes*, par les *Gaulois*, par les *Juifs*, par les *Grecs*, par les *Romains*. Elle a été un principe fondamental de juriſprudence pour toutes les nations commençantes, fans en excepter une. Toutes ont fait du pouvoir illimité, accordé aux peres, le premier lien des familles.

Je ne fais fur quoi fe fondoient les compilateurs employés par *Juſtinien*, à la collection du *droit Romain*, publiée fous fon regne. Ils difent dans les *inſtituts*, l. 1. tit. 10, part. 2, *que l'autorité exercée par les peres fur leurs enfants, eſt ce qui caractériſe un citoyen Romain, & qu'il n'y a point d'hommes qui en poſſedent une pareille.* Cette aſſertion eſt fauſſe fans contredit : mais elle eſt d'autant plus ridicule dans leur bouche, que leur travail fut précisément l'époque de la ruine entiere de cette autorité. Les refcrits des autres empereurs l'avoient déjà fort ébranlée. *Juſtinien* acheva de l'anéantir. Ce n'étoit pas, ce femble, à fes deſtructeurs qu'il convenoit d'en vanter l'étendue (*a*).

Ce qu'il y a de fûr, c'eſt qu'elle a été univerſelle & fans bornes. Tous les peres dans l'origine avoient droit de vendre leurs enfants quand ils étoient pauvres, de les expofer au moment de leur naiſſance, quand ils les trouvoient difformes (*b*), ou qu'ils ne vouloient pas les nourrir, de les battre, de les tuer à tout âge, quand ils en étoient mécontents : ils s'approprioient les biens qu'ils avoient acquis ; ils les déshéritoient arbitraire-

------

(*a*) Voyez à ce fujet le chapitre 16 de ce livre.

(*b*) Les loix de *Lycurgue* à *Sparte*, celles de *Romulus* à *Rome* faifoient une néceſſité de cet abandon cruel.

ment : enfin le droit le plus libre, le plus étendu, étoit celui d'un chef de famille fur les enfants qui la compofoient.

Et ce droit ne comprenoit pas feulement les filles dévouées par leur fexe à une fervitude éternelle. Sa rigueur embraffoit également les garçons, deftinés à jouer dans le monde un rôle plus fatisfaifant : elle enveloppoit jufqu'à leur poftérité. Un mariage contracté fans le confentement paternel étoit nul. Le titre même de pere n'émancipoit pas le fils qui le portoit : lui & fes enfants reftoient dans la dépendance de l'aïeul, & tout ce que gagnoit le fils marié, c'eft que fon propre pere ne pouvoit plus le vendre.

Encore eft-il probable que cet adouciffement eft dû aux temps poftérieurs ; on peut croire qu'il fut accordé à la commifération pour une époufe infortunée, chargée d'une famille nombreufe, qu'elle ne pouvoit plus nourrir, dès qu'on la privoit de fon chef.

Tout autorife à penfer que dans l'origine, le defpotifme paternel n'avoit ni bornes, ni exceptions. Il étoit reçu & refpecté d'un bout du monde à l'autre. Il n'y a aucune nation qui n'ait affujetti les enfants à la dépendance la plus profonde, au fortir du fein de la mere. Il n'y en a point où cette captivité paffagere & indifpenfable, exigée par la nature, n'ait été remplacée par un afferviffement conftant & pénible, qui étoit le fruit des inftitutions fociales. La puiffance des peres fur leurs enfants illimitée, ainfi que celle des maris fur leurs femmes, eft le fecond emploi inconteftable de la puiffance légiflative.

CHAPITRE III.

*Nouvelle raison jointe à l'esprit de pro-
priété, & même en dérivant, qui
motivoit le pouvoir sans bornes des
peres sur leurs enfants.*

CE nouveau droit ne devenoit pas
seulement le gardien de la propriété :
il en étoit aussi le développement nécessaire. Quand les peres n'auroient
rien eu à craindre de leurs enfants,
la *législation* qui venoit d'éclorre ne
pouvoit, si elle vouloit être consé-
quente, se dispenser de les établir
maîtres absolus dans leurs familles.
Le sceptre qu'elle leur mettoit à la
main, étoit encore moins une sauve-
garde contre une seconde usurpation,
qu'un apanage indispensable de la
premiere. Dès qu'ils étoient reconnus
& respectés comme possesseurs incon-
testables de leurs champs, il falloit

qu'ils le fuſſent auſſi de quiconque étoit admis par eux à en partager les fruits. La nourriture donnée aux fils adultes, commença à fonder un véritable droit ſur eux.

Ce n'eſt point, comme le diſent pluſieurs publiciſtes, ce lait accordé forcément à leurs larmes, quand ils preſſoient par inſtinct le ſein de la mere : ce ne ſont point les ſoins compatiſſants donnés à leur foibleſſe, quand ils rampoient autour de leurs berceaux, qui pouvoient juſtifier leur aſſujettiſſement. La ſeule raiſon capable de produire cet effet, après celle dont je viens de rendre compte, ce ſont les aliments reçus par eux dans le temps où leurs membres fortifiés les mettoient en état de ne rien devoir qu'à eux-mêmes.

Alors la nature prononçoit leur émancipation : alors elle leur ouvroit le monde entier pour y aller à la pourſuite de leur ſubſiſtance. S'ils avoient le courage de s'éloigner des champs cultivés où croiſſoient les

épis

épis & l'efclavage ; s'ils ofoient fe
confiner dans les forêts, pour y chercher la liberté tremblante de n'avoir
plus d'autre afyle, & l'embraffer avec
tous fes attributs, c'eft-à-dire, une vie
dure mais faine, & une indigence
tranquille, qui n'eft à charge que
quand on a connu la richeffe, ils
échappoient fans doute au filet que
la propriété fe préparoit à étendre
fur eux. Leurs jours couloient dans
la plus paifible fécurité, & la plus
heureufe indépendance.

Mais quand la molleffe & l'habitude les tenoient attachés au joug fous
lequel ils étoient nés ; quand, fe dé-
vouant eux-mêmes aux fatigues fervi-
les dont le fpectacle avoit fait l'amufement de leur enfance, & qu'après
avoir aidé des efclaves à labourer la
terre, ou à conduire des troupeaux,
ils étendoient la main avec eux, pour
recevoir la portion d'aliments qui devenoit le falaire de leurs travaux :
dès cet inftant ils étoient foumis
comme eux à l'empire du propriétai-

re. C'étoit vraiment là l'époque de leur sujétion. Cette démarche suppofoit de leur part un choix volontaire entre deux façons de vivre oppofées. Ils n'en pouvoient préférer une, fans courir le rifque de tous les défagréments, comme de tous les avantages qui y étoient attachés.

Par l'acte fondamental de la fociété, tous les fruits appartenoient au maître du champ, au même titre que les fonds où ils avoient été recueillis. Il n'étoit pas poffible de fe les approprier à fon infu, fans s'expofer au châtiment & à la profcription prononcée contre les ufurpateurs ; mais auffi lui en demander une part, c'étoit fe foumettre à fon domaine : confentir à la tenir de lui, c'étoit avouer fon droit à la refufer, & par conféquent contracter une obligation envers lui quand il l'accordoit.

CHAPITRE IV.

Qu'indépendamment de la loi, l'état même de la société nécessitoit la subordination absolue, illimitée des enfants à l'égard de leurs peres.

MAIS dira-t-on, cette obligation n'alloit pas jusqu'à reconnoître en lui une suprématie illimitée, un despotisme sans bornes : puisque ces aliments étoient un salaire, ceux qui les demandoient y avoient quelques droits. Ces mains qui s'ouvroient à la récompense portoient encore les marques du travail qui l'avoit méritée. Une loi sacrée défendit dans la suite de fermer la bouche au bœuf même qui fouloit le grain dans l'aire : avec combien plus de justice les bras laborieux qui avoient forcé la terre à le produire, pouvoient-ils s'en approprier une partie, Soit fils, soit esclave, quiconque s'étoit réfolu à déchirer affidument par la culture le fein de cette mere commune , quiconque avoit arrofé de fes fueurs les plaies qu'il lui faifoit avec la charrue, étoit en droit de répéter fa part à l'abondance par laquelle elle payoit les bleffures dont on la couvroit.

Ainfi , ajouteroit-on, de même que la fubfiftance fournie à l'efclave cultivateur étoit la compenfation, & non la fource de fon efclavage, de même auffi la nourriture que prenoit le fils fur la moiffon qu'il avoit contribué à faire lever, étoit une juftice dont on ne pouvoit le fruftrer, & non un engagement qui pût le jeter dans la dépendance. On auroit choqué l'équité en la lui refufant , bien plus qu'il ne nuifoit à la propriété en la réclamant.

Ceux qui raifonneroient ainfi oublieroient bien promptement l'état de la queftion. Qu'ils fongent à la pofition générale des hommes à l'inftant où venoit de fe former la fociété. Ils

étoient féparés en deux claffes ; l'une
de conquérants ufurpateurs, confacrés
par leurs fuccès à donner des ordres ;
l'autre d'agriculteurs tremblants,
condamnés par leur défaite à les
recevoir. Des propriétaires abfolus
d'une part, des ferfs intimidés de
l'autre, des maîtres ou des efclaves,
l'excès de l'empire, ou celui de la
foumiffion, telles étoient alors les
deux uniques divifions du genre humain.

Il ne pouvoit y avoir aucune claffe
intermédiaire. Les arts méchaniques
n'exiftoient point encore. On ne con-
noiffoit pas dans le monde ces inven-
tions ingénieufes qui impofent un tri-
but à l'opulence, & qui font de la pau-
vreté le plus utile inftrument du luxe.
Perfonne ne fe prévaloit de ces reffources recherchées qui font eftimer
l'adreffe de la main, plus que la force
des bras ; qui établiffant dans une
fociété perfectionnée un troifieme
ordre indépendant des deux autres,
deviennent néceffaires aux riches, &

confomment leur fuperflu, en favori-
fant leurs vices.

L'humanité tout entiere confiftoit
donc, comme nous l'avons dit, en
deux efpeces d'hommes, plongés les
uns dans la félicité de la jouiffance,
les autres dans l'angoiffe de la privation. Or, à quelle claffe devoient
appartenir les enfants dont la naiffance étoit poftérieure à cet arrange-
ment? Ce ne pouvoit pas être à celle
des propriétaires, du moins tant qu'ils
feroient reftés fous les yeux & fous
la main de leurs parents : & qu'auroient-ils gagné à s'en-écarter? qu'auroient-ils poffédé qui n'eût pas été
déjà grévé par là poffeffion d'un
autre ?

Se feroient-ils adonnés à la vie
paftorale ? auroient-ils entrepris de
peupler de troupeaux des pâturages
encore fans maîtres ? les auroient-ils
conduits dans des prairies vagues,
ouvertes au premier occupant, & que
leur abandonnement les auroit dif-
penfés de difputer à d'anciens pof-
feffeurs ?

Mais d'où auroient-ils tiré de quoi former ces troupeaux ? S'ils avoient prétendu, comme les premiers pasteurs, les composer de bêtes sauvages apprivoisées à force de soins, il auroit fallu commencer par redevenir chasseurs. Ils se seroient vu obligés d'errer dans les forêts, & il n'est guere probable qu'ils eussent pu se dévouer à reprendre cette vie errante après en avoir connu une autre plus sédentaire, ou se résoudre à la quitter après en avoir goûté les charmes.

D'ailleurs le succès même de leurs recherches leur en auroit à tout moment rappellé le danger. La tradition encore si récente leur auroit appris l'origine des richesses de leurs peres. Ils se seroient toujours souvenus avec effroi que ces serfs enchaînés autour de leurs cabanes, avoient d'abord aussi été bergers. Ils se seroient hâtés d'abjurer un art si nuisible à ses inventeurs, qui faisoit éclorre l'esclavage sur les racines de l'opulence, &

la difette dans le fein même de la ri-cheffe.

Auroient-ils été au loin chercher des champs à labourer ? Auroient-ils retracé dans quelque vallée écartée les principes & la conduite des pre-miers agriculteurs ? Mais la même raifon les auroit bientôt dégoûtés d'une folitude périlleufe ; ils auroient bien fenti qu'en s'ifolant comme eux , ils ne pouvoient manquer d'éprouver le même fort. S'ils avoient méprifé ces réflexions falutaires , ils en auroient bientôt appris la juftefle à leurs dé-pens. Rencontrés feuls fans défenfes par ces chaffeurs d'hommes que nous avons repréfentés occupés à cette quê-te lucrative , ils auroient bientôt fubi le joug qu'ils s'étoient flattés d'éviter. Pour ne pas vivre fous le pouvoir équitable de leurs parents , ils fe fe-roient expofés à tomber fous le pou-voir tyrannique d'un étranger.

Puifqu'ils ne pouvoient fe placer dans la première divifion du genre humain , reftoit donc la feconde à laquelle ils se trouvoient naturellement appartenir. Ils y étoient rejetés sans effort, & par la constitution même de la société. L'ordre général les livroit à la soumission, indépendamment de l'intérêt particulier des peres. Quand ceux-ci s'attribuerent authentiquement, à l'aide de la législation, un pouvoir absolu sur toute leur famille, ils ne firent que confirmer par une loi, un réglement sage qui suivoit nécessairement & de lui-même de l'état actuel des choses.

CHAPITRE V.

Que le pouvoir paternel illimité étoit néceſſaire pour entretenir la paix dans les familles.

QUAND cette exceſſive ſubordina-tion ne ſe feroit pas trouvé juſtifiée par la nature des inſtitutions ſociales, ou par l'intérêt des peres, elle l'au-roit été par celui des enfants eux-mêmes. Quand leur liberté auroit pu n'être pas dangereuſe à l'auteur de leurs jours, il n'en auroit pas moins fallu les en priver, pour les empêcher d'en faire un uſage pernicieux, les uns contre les autres. En ſuppoſant que cette chaîne commune ne fut pas néceſſaire pour les réduire à reſpecter leurs parents, elle l'étoit pour les for-cer à ſe ménager entr'eux.

Sans elle l'intérieur des cabanes ſe-roit devenu le théatre des plus cruelles divisions. L'obligation de vivre ensemble auroit été pour eux une source intarissable de querelles : & quoique l'idée d'être tous sortis de la même souche dût les rapprocher, tant de passions, tant de caprices développés dans leurs cœurs par le voisinage de la propriété, auroient tendu sans cesse à les désunir.

Nous-mêmes au milieu des efforts que font nos loix & nos mœurs, pour obliger les freres à s'aimer, ne voyons-nous pas combien leurs haines sont fréquentes & furieuses ? Pour deux familles où ils se chérissent, il y en a cent où ils se détestent. C'est entre les plus proches parents, & sur-tout entre ceux qui ont été élevés ensemble qu'éclatent dans la suite les rivalités les plus acharnées. Les contestations nées dans le sein des familles sont la plus nombreuse partie de celles sur lesquelles nos tribunaux sont occupés à prononcer.

Qu'on songe combien cette aigreur

inévitable auroit trouvé de facilité à s'accroître & à se manifester parmi des hommes encore bruts, qui n'auroient su ni diffimuler leurs sentiments, ni les réprimer. Il étoit difficile que parmi les fruits d'une même alliance, les parents ne se permiffent pas quelque choix. La supériorité des talents, ou des graces, auroit justifié aux yeux des uns une préférence marquée. La foibleffe de l'âge, ou celle de la complexion auroit paru avec plus de raison la mériter, à ceux des autres.

Mais chaque figne de prédilection auroit été ou un outrage ou une injuftice pour ceux des enfants qui n'en auroient pas été l'objet. Tous se feroient réunis contre l'odieux favori. Tous auroient cherché l'occafion de le rendre refponfable d'un excès de tendreffe, qui fembloit faire tort à celle que les autres étoient en droit de revendiquer. Le premier meurtre dont nous parle l'hiftoire fut occafioné par une jaloufie de cette efpece.

Le premier sang humain qui souilla la terre, fut celui d'un frere versé par la main d'un frere envieux.

Dans des temps plus modernes on en vit d'autres moins cruels, mais non moins implacables, souftraire sans pitié, à l'amour d'un pere, celui d'entr'eux qu'il regardoit comme le principal foutien de sa vieilleffe. *Jacob* pleura son cher *Joseph* qu'il crut dévoré par les bêtes fauvages, & il ne fe trompoit pas beaucoup. Il feroit difficile d'imaginer des animaux plus féroces que des fils qui, après avoir caufé, de fang-froid, la douloureufe méprife de leur pere, avoient l'inhumanité de foutenir fans émotion fon défefpoir.

De pareilles fcenes fe feroient répétées fans ceffe fur toute la face de la terre. La pluralité des femmes les auroit encore multipliées, & rendu en quelque forte plus excufables. A la premiere occafion de querelle, chacun des intéreffés fe feroit élevé avec moins de fcrupule contre la race d'une étrangere. Les familles se feroient trouvé divisées en autant de parties que la maison du chef auroit contenu de femmes fécondes; & tous en perçant le sein de leurs rivaux, en faisant couler jusqu'à la derniere goutte de leur sang, auroient moins songé au côté par lequel ils étoient parents, qu'à celui par lequel ils n'étoient qu'ennemis.

Le pouvoir paternel en les enveloppant tous indistinctement, absorboit ce principe inépuisable de dissentions. Il prévenoit les querelles en les attachant tous au même joug. S'il ne les portoit pas à s'aimer pour eux-mêmes, il réduisoit chacun d'entre eux à craindre d'outrager dans les autres celui qui les protégeoit tous, en paroissant les asservir. Une égalité libre auroit produit des combats sans fin; au lieu qu'une égalité d'obéissance étoit le plus sûr maintien de la paix.

CHAPITRE VI.

Que le pouvoir dont on vient de parler ne pouvoit se communiquer aux femmes.

CETTE jurisdiction suprême, ce domaine impérieux qui rendoit un chef de famille si puissant & si respectable, il est aisé, d'après ce que l'on vient de voir, de se persuader que les femmes devoient en être exclues. On devine qu'elles ne pouvoient y prétendre en aucune maniere. Bornées dans l'intérieur à des occupations pénibles & manuelles, elles se voyoient restreintes à recevoir des ordres, & ne songeoient pas à en donner. Elles redoutoient elles-mêmes cette autorité qui n'exceptoit rien, & ne pensoient pas à l'usurper. C'étoit la massue d'*Hercule*, qui n'étoit point faite pour paſſer dans les mains d'*Omphale*.

Ce n'eſt pas qu'on ne voie dans l'antiquité des exemples de femmes abſolues, qui s'élevoient au deſſus de la crainte rigoureuſe impoſée à leur ſexe ; elles jouiſſoient même dans leur famille d'un empire qui n'étoit pas dû tout entier à leurs agrémens. Ainſi on trouve dans la *Geneſe* que *Sara* commandoit quelquefois durement à ſon mari, & s'en faiſoit obéir.

Elle voit un fils d'*Abraham* & de ſa ſervante jouer avec l'héritier chéri, avec ſon propre fils *Iſaac* : elle dit auſſi-tôt au patriarche : *Chaſſez cette fille & ſon enfant* (a). *Le fils de la ſervante ne ſera pas héritier avec mon fils Iſaac. Abraham*, continue la *bible*, prit d'abord mal cet ordre. *Duré accepit :* mais ayant eu enſuite une révélation, il s'adoucit, & donna à ſa

____

(a) *Ejice ancillam hanc & filium ejus.* Gen. cap. 21, v. 10.

femme une satisfaction entiere, en mettant la malheureuse servante à la porte, avec son fils, & un peu de pain & d'eau pour tout bien.

Le discours de *Sara* décele une femme ferme & passionnée : mais il semble aussi qu'elle se croit appuyée par les loix. Le ton décidé avec lequel elle annonce que le fils de l'esclave ne succédera pas avec le sien, donneroit lieu de penser, contre ce que j'ai dit, que le pouvoir paternel avoit des limites, & que les femmes étoient autorisées à les faire valoir. On en pourroit conclure que le gouvernement de la famille étoit au moins partagé, & qu'une femme qui s'exprimoit dans cette occasion avec tant de netteté, avoit dans tout le reste le droit d'en agir de même.

On se tromperoit pourtant en raisonnant ainsi. D'abord la circonstance où *Sara* parloit avec tant de hauteur, étoit extraordinaire. Il s'agissoit des droits d'un fils annoncé & promis par une suite de prodiges. Sa naissance étoit toute miraculeuſe. Il la devoit à un pere de cent ans, & à une mere de quatre-vingt-dix. Dieu l'avoit deſtiné à devenir le chef de ſon peuple. Il étoit bien permis à *Sara* d'être jalouſe d'un ſi beau privilege, & de repouſſer avec dédain le fils de l'eſclave, qui paroiſ-ſoit vouloir mettre quelque égalité entre lui & l'objet des bénédictions du ciel.

Enſuite ce qui confirme la juſteſſe de cette remarque, c'eſt qu'on voit la même *Sara* montrer bien plus de dé-férence pour ſon mari, dans d'autres occaſions où elle auroit peut-être été plus excuſable d'en manquer. Cette ſervante devenue mere avant elle & à ſon préjudice, quoique de ſon aveu, la mépriſoit. *Sara* ſe contente d'en gémir devant *Abraham*, & elle n'oſe punir l'inſolence de ſa rivale, que quand elle en a reçu une permiſſion authentique (*b*).

____

(*b*) Voyez la *Gen.* chap. 16.

Son exemple ne déroge donc pas au principe général que j'ai posé. Il n'en est pas moins vrai que l'autorité suprême résidoit dans les mains du mari seul. Ses enfants, & les femmes qui les lui donnoient, & toutes les especes de biens dont son industrie ou sa bonne fortune remplissoit sa maison, tout lui appartenoit avec la plus parfaite propriété : tout restoit à son égard dans la plus entiere dépendance. L'épouse, témoin de cet empire arbitraire, non-seulement n'en étoit pas exempte, mais elle ne pouvoit en aucun cas se présenter pour l'exercer.

En désarmant ainsi ses mains, les anciens législateurs sentirent pourtant dès le commencement combien il étoit important pour le repos du pere lui-même, d'inculquer dans l'esprit des enfants l'obligation de la respecter. Si la politique mit de la différence entre la crainte que devoient inspirer les parents, elle n'en mit point entre l'espece de vénération qu'elle exigeoit pour eux. Le fils rebelle à l'un des deux fans diftinction, paffa également pour un coupable, odieux à toute la nature.

Moïfe ne fépare pas la mere du pere, quand il ordonne d'honorer ceux à qui l'on doit le jour. Ce principe a été connu & adopté dans tous les fiecles. *Orefte* meurtrier de fa mere eft livré aux furies. *Alcméon* pour le même crime effuie le même châtiment. *Romulus* dévoue aux *dieux infernaux* quiconque aura battu fon pere ou fa mere : car le mot *parentem*, dont il fe fert dans fa loi, emporte cette double fignification (c).

Enfin par-tout on voit les *légiflateurs* fuppléer attentivement à l'abandon auquel l'efprit fondamental de la fociété livroit les femmes ; ils s'appliquent à leur procurer, par des régle-

____

(c) C'eft ce que n'a point obfervé l'auteur de *l'hiftoire de la jurifprudence Romaine*. En rapportant cette loi, il traduit le mot *parentem* fimplement par celui de pere.

ments moraux ou religieux, une tranquillité qu'elles ne pouvoient pas tenir d'un pouvoir incompatible avec leur propre situation. Si elles hafardoient quelquefois quelque acte d'autorité, il falloit, comme on l'a vu de *Sara*, qu'elles en obtinffent le droit par la permiffion du mari ; & l'exercice même de cette autorité devenoit une preuve de leur affujettiffement.

CHAPITRE VII.

*Réfutation des erreurs de plusieurs phi-
losophes sur cette matiere.*

Les philosophes politiques ont
bien singuliérement raisonné sur cet
article de la législation. *Hobbes*, par
exemple, prétend non - seulement
qu'en mettant au monde un enfant,
la mere acquiert tout empire sur lui ;
mais il veut aussi que cet empire primitif, émané de la nature, soit l'origine de toutes les especes de pouvoirs
qui subsistent dans l'ordre civil, sans
excepter le pouvoir paternel : de sorte
qu'un homme n'est soumis à son pere,
à son prince, à sa patrie, que parce
qu'il a dû l'être d'abord à sa mere, qui
a fait un transport direct ou indirect,
volontaire ou forçé, de son autorité,
soit en exposant son fruit, soit en se
laissant prendre à la guerre, soit en se

conſtituant citoyenne d'un état quelconque, ſoit enfin en ſe mariant ſous la condition d'être elle-même ſubordonnée à ſon mari : or, celui-ci étant par là conſtitué maître de la mere, le devient par conſéquent du produit de ſon union avec elle. Par la même raiſon celui qui l'a fait eſclave, ou qui a nourri l'enfant qu'elle a expoſé, ainſi que le prince de l'état auquel elle s'eſt fait agréger, ſuccede à ſes droits, & peut les exercer dans toute leur étendue (*a*).

____

(*a*) *In ſtatu naturæ omnis puerpera ſimul mater fit & domina.... Originale igitur in liberos dominium, matris eſt.... A matre autem ad alios tranſit dominium diverſis modis. Primò, ſi jus ſuum dereliquerit, ſive abjecerit, filium exponendo. Is igitur qui expoſitum educaverit, idem habebit dominium quod habebat mater.. Secundò, ſi mater bello capta ſit, natus ex ea capientis eſt... Tertiò, ſi mater ſit cu uſcumque civitatis, is qui habet in ea civitate ſummum imperium, dominium habebit ejus qui ab ea naſcetur... Quartò, ſi mulier ſe viro tradiderit in vi ſocietatem, eâ lege ut imperium apud virum ſit, qui naſcitur ex ambobus patris eſt, propter imperium in matrem.* Voyez Hobbes, *de cive*, chap. 9, n. 3, 4 & 5.

Pour peu qu'on veuille y réfléchir, il n'y a personne qui ne soit en état de sentir à quel point l'énumération de *Hobbes* manque de justesse, & combien son principe est faux. Il s'est laissé séduire par l'erreur commune à tous ceux qui ont traité de cette matiere. Quoiqu'on lui ait reproché de hasarder beaucoup de choses nouvelles, la principale occasion de sa méprise vient de ne s'être pas assez écarté des anciennes opinions.

Il n'a pas vu que l'ordre civil étant le renversement entier, absolu de l'état de nature, aucun des rapports qui existoient dans l'un ne pouvoit en produire de subséquents dans l'autre. Il n'a pas vu que l'autorité de la mere étant bornée aux fonctions nécessaires pour la conservation de son fruit, & ne tendant qu'à les faciliter, ne pouvoit être la source d'aucune autorité postérieure. Il n'a pas songé que dans l'état de pure nature, elle ne pouvoit transmettre à personne, sur son fils

devenu

devenu adulte, une puiſſance qui n'exiſtoit plus.

C'eſt ſur-tout à l'égard de l'autorité du pere, que cette prétenduc ceſſion eſt chimérique & ridicule. L'eſſence du pouvoir maternel eſt d'expirer avec les beſoins de l'enfance. Celle du pouvoir paternel eſt de commencer où l'autre finit. La mere n'a de droit que ſur des hommes foibles, & ce droit conſiſte à les ſervir. Le pere en a, ou en avoit dans le temps dont nous parlons, ſur-tout ſur des hommes robuſtes. C'étoit leur force qu'il maîtriſoit. Il jouiſſoit ſur elle d'un véritable empire, dont tout l'avantage revenoit à celui qui l'exerçoit. Si ceux qui s'y trouvoient ſoumis en retiroient quelque utilité, c'étoit indirectement, & ce n'étoit pas eux qu'on avoit eus en vue en l'inſtituant.

Enfin l'un de ces droits étoit conforme au plan de la nature qui ne s'occupe que de la reproduction des eſpeces : l'autre ne s'accordoit qu'a-

vec celui de la société, qui fubordon-
ne la confervation de l'efpece à celle
des biens. Comment a-t-on pu dire
que de deux principes fi différents,
l'un devoit fa naiffance à l'autre ? La
femme elle-même dans l'état de nature, ne reftoit maîtreffe de fon fils
que jufqu'à l'âge où il pouvoit fe
paffer d'elle. Comment dans l'état civil auroit - elle tranfmis à fon mari
au delà de cet âge, une autorité qui
échappoit fans retour à fes propres
mains ?

Pour communiquer un pouvoir
quelconque, il faut en jouir. Il n'y
a rien de fi connu & de fi vrai dans
tous les fens, que ce proverbe vul-
gaire, *Nemo dat quod non habet*. Quand
même la mere, comme le prétend
Hobbes, auroit pu conferver, dans
l'ordre naturel, quelque droit fur
les enfants qu'elle avoit nourris ; ce
droit, ainfi que tous ceux de cette
efpece, fe feroit trouvé éteint au
moment de l'inftitution de la fociété.

Celle-ci, comme nous l'avons prouvé, n'en souffroit point qui ne dérivât d'elle. Or, à l'inftant même de fon exiftence, au lieu de rendre au fexe la jouiffance des prérogatives antérieures auxquelles il pouvoit prétendre, fa premiere opération avoit été de le précipiter dans la fervitude. Loin de lui confirmer un defpotifme arbitraire fur la liberté des enfants, on commençoit par le priver de la fienne. Comment dans cet état auroit-il pu tranfmettre ou donner celle des autres ?

C'eft, dit *Hobbes*, *en fe mariant, fous la condition de refter foumife à fon mari* Mais la fubordination émanée de cet acte n'avoit pas été volontaire. Ce n'étoit point de l'aveu des femmes que s'étoit établie la loi qui les livroit aux ordres d'un maître, en leur procurant les careffes d'un époux. Elles ne fe donnoient pas même à ce maître : on les lui vendoit. Ce feroient donc les parents auteurs du marché, qu'il faudroit regarder comme la véritable source de l'autorité qui en seroit la suite. Dans l'hypothese même de *Hobbes*, en supposant que le mariage fût le vrai titre d'un pere pour commander à ses enfants, ce n'est pas de sa femme qu'il l'auroit tenu, mais de ceux à qui il l'auroit achetée.

Quelque spécieuse que soit cette partie du systême de *Hobbes*, il est évident qu'il est insoutenable. Si les champs d'abord & leurs malheureux cultivateurs, si ensuite les femmes & leurs enfants se sont trouvé tous soumis à un pouvoir arbitraire, c'est par la suite d'un seul & unique principe qui tendoit à rendre un petit nombre d'hommes arbitres & propriétaires de tous les autres : c'est par la conséquence inévitable d'une institution dont le but étoit d'accumuler exclusivement autour de ce petit nombre toutes les especes de biens.

Ce principe est dur & rigoureux sans doute. Il seroit insupportable, si l'éducation ne l'adoucissoit, ou plutôt ſi l'intérêt perſonnel de la partie du genre humain qui en profite, n'avoic fait employer tous les moyens imaginables pour l'affermir. Mais enfin tel qu'il eſt il exiſte, & ne ſera jamais détruit. Il eſt néceſſaire à la conſervation de la ſociété, comme il l'a été à ſon établiſſement. C'eſt lui ſeul qui en entretient l'ordre & l'harmonie.

Le célebre *Loke* n'eſt pas conſéquent dans ſon traité ſur le gouvernement civil. " Toutes les obligations, dit-il, " où ſont les enfants, étant fondées ſur " la génération à laquelle la mere " concourt, & contribue du moins " autant que le pere, il s'enfuit que " l'un & l'autre ont un droit & un " pouvoir égal ſur ceux qui naiſſent " de leur union. De ſorte que, pour " parler exactement, il faudroit appeller cette autorité le pouvoir des " parents, & non pas le pouvoir " paternel, comme on fait ordinai- " rement : inexactitude d'expreſſion " qui peut avoir donné lieu de s'ima- " giner que toute l'autorité ſur les

» enfants réside uniquement dans le
» pere. »

Loke n'a hasardé cette maxime que
faute d'avoir médité assez profondé-
ment sur le sujet auquel il l'appliquoit. Le pouvoir dont le pere jouit
dans l'état social sur ses enfants, n'est
certainement point dérivé de la naissance qu'il leur a donnée. Il faudroit
pour cela qu'il fût dans les vues de la
nature, qu'un être produit par un
autre conservât sur celui-ci quelque
forte de suzeraineté : ce qui n'est
point.

La nature ne fait rien d'inutile.
Elle se borne à remplir son objet :
dès qu'elle y est parvenue, elle ne va
point au delà Cet objet, c'est principalement la conservation des especes.
Voilà sur-tout à quoi elle s'applique,
à quoi tendent ses soins. Elle semble
n'avoir pas eu d'autres vues, & l'on
peut dire hardiment que tout ce qui
n'y a pas une relation directe, ne
vient pas d'elle.

Que faut-il pour opérer cette confervation ? Rien autre chofe que le concours du pere & de la mere pour donner la naiffance aux enfants, & l'affiduité de l'un des deux pour les élever, les garantir de tous les dangers auxquels leur foibleffe les expofe dans le premier âge. Or, c'eft à quoi la nature a pourvu admirablement en donnant aux parents, d'une part, des organes propres à la génération, & des defirs qui les portent à en faire ufage ; en leur faifant un véritable befoin de fuivre les uns, & d'employer les autres ; en leur infpirant d'ailleurs une tendreffe d'inftinct, qui maîtrife involontairement au moins les femelles dans toutes les efpeces, & les confacre plus particuliérement à la nourriture, à la fauve-garde de leurs enfants.

Mais il eft évident qu'aucune jurifdiction ne peut fuivre de la naiffance de ceux-ci, puifqu'il n'eft pas poffible qu'elle y influe en rien. Le rapport qui exiftera entre un pere & fon fils, quand celui-ci aura reçu le jour, n'en a reçu aucun avec la propagation, puisque le fils respire & vit, avant que le pere puisse lui rien commander, & que le but de la nature étoit uniquement d'engager le premier à donner la vie au second.

Elle ne peut ni ne doit s'inquiéter de ce qui suivra l'instant où le petit, parvenu à une vigueur suffisante, pourra s'écarter des supports auxquels sa foiblesse l'a tenu attaché. Elle a pris ses mesures pour l'obliger à rendre bientôt à d'autres les soins qu'il a reçus. Tous les êtres vivants sont dans son plan, des fruits qui tendent à germer, & à produire des êtres semblables à eux, dès qu'ils sont parvenus à la maturité. Peut-on dire qu'il entre dans ce plan d'astreindre la tige qui va bientôt couvrir & parer la terre, à dépendre du germe dont elle est sortie ?

Il en est de même de tous les animaux. Tous ont reçu la vie. Tous doivent la donner. Tous sont obligés de défendre, de veiller, de nourrir l'individu auquel ils communiquent ce bien douteux, à peu près jufqu'à ce qu'il puiffe à fon tour le communiquer à d'autres : mais leur droit fur lui fe borne à protéger fa foibleffe : il s'en faut bien qu'il aille jufqu'à les autorifer à s'approprier fa force.

Il a pour but d'écarter de lui les dangers, & non d'aggraver fa mifere. La nature ne les a rendu puiffants que pour fon avantage. Il ceffe d'être fujet, dès qu'il ceffe d'avoir befoin d'affiftance, & l'inftant où il fe fent en état de pourvoir feul à fa nourriture, eft auffi celui où il entre de plein droit en poffeffion de fa liberté.

Il eft donc ridicule de prétendre qu'il en puiffe être privé par l'acte même qui en eft le fondement. Loin que la naiffance foit ce qui caufe fon affujettiffement, fuivant les loix de la nature, c'eft peut-être la circonftance de fa vie où il eft le plus libre. Il n'eft fujet alors qu'au befoin, aux infirmités qui font le trifte apanage de tous fes femblables.

K 5

Ses parents qui n'en font pas exempts avoient de plus que lui l'obligation de le mettre au jour : ils gardent encore long-temps après celle de lui conserver l'existence qu'ils lui ont donnée. L'instant où il la reçoit est celui où il est le plus éloigné d'être soumis au même engagement : c'est celui aussi où la nature donne le plus de force aux ressorts secrets qu'elle a disposés dans le cœur de ses parents, & qui les conduisent à lui prodiguer les secours dont il ne peut se passer.

Ce sont eux par conséquent qui se trouvent dans sa dépendance, (toujours à ne considérer que l'état naturel) depuis l'heure où il a vu la lumiere, jusqu'à celle où il se détermine à les quitter. C'est lui qui peut être censé exercer sur eux un véritable empire, puisque ce sont eux qui sont condamnés à lui rendre des services pénibles, & pour qui il résulte de sa naissance des devoirs réels. Mais ces devoirs eux-mêmes ne durent, d'une part, qu'autant qu'ils sont nécessaires de l'autre : ils s'évanouiſſent avec l'enfance, au moins dans l'état de nature ; de ſorte qu'au lieu d'en inférer que le pere & la mere ont un pouvoir égal ſur l'âge qui la remplace, il faut, par une conſéquence tout oppoſée, dire qu'ils n'en ont ni l'un ni l'autre.

Dans l'ordre civil ce n'eſt plus la même choſe ; tout change comme je viens de le dire. La loi arme le pere d'un pouvoir abſolu qu'il reçoit d'elle ; mais ce pouvoir ne ſe partage pas entre les deux individus qui ont produit celui qui y eſt ſoumis. *Le domaine ſuprême*, comme dit très-bien *Hobbes* (*b*), *eſt indiviſible*. Il eſt abſurde de ſuppoſer à la fois deux êtres égaux, comme le fait *Loke* : par cela ſeul qu'ils ſeroient égaux, ils ne ſeroient plus maîtres, du moins à l'égard du même objet : ces deux termes emportent une contradiction : & de même qu'une

____

(*b*) *De cive*, cap. 9.

poſſeſſion indiviſe exclud la propriété, de même auſſi la parité de la jouiſſance en eſt la deſtruction.

C'eſt ce qui a été ſenti de tous les écrivains qui ont ſuivi à cet égard le ſyſtême de *Loke : Grotius* entr'autres s'en eſt bien apperçu. " Si, dit-il, " les deux pouvoirs viennent à ſe cho- " quer, celui du pere doit avoir la " préférence, à cauſe de la ſupério- " rité, ou plutôt de l'excellence du " ſexe (*c*). " Peut - être en recon- noiſſant le principe, en auroit-il pu ſupprimer la prétendue juſtification. C'eſt affoiblir une vérité auſſi incon- teſtable, que de l'appuyer par une auſſi mauvaiſe raiſon.

Cette excellence d'un ſexe n'eſt pas démontrée à beaucoup près. Elle n'exiſte point dans le plan de la natu- re qui a aſſigné à chacun des deux ſes fonctions diſtinctes, ſans les aſſujettir

---

(*e*) *Ob ſexûs præſtantiam.* De jure belli ac pacis, livre 2, chap. 5.

à autre chofe qu'à les remplir exactement. Elle eft établie dans le fait par
les inftitutions fociales : mais c'eft plutôt relativement aux individus qu'aux
fexes.

On a réglé qu'un homme feroit fu-
périeur à fa femme : ce n'eft pas à
dire que le fexe de l'un foit en effet
au deffus de celui de l'autre. La fociété peut bien changer les acceffoires ; mais elle ne touche point à l'effence des chofes : or cette effence dans
l'ordre naturel, eft une liberté réciproque, d'où s'enfuit dans cet ordre,
entre le mâle & la femelle, une égalité parfaite.

Quoi qu'il en foit au refte, *Grotius*,
comme on le voit, n'a pas pu fe diffimuler que l'admiffion de deux pouvoirs occafioneroit des combats qui
les anéantiroient tous deux. Il convient que pour les terminer il faut
que la balance penche d'un côté ; &,
de fon aveu, c'eft au pere que doit
écheoir le baffin le plus pefant. Je ne
dis pas autre chofe : mais il y a entre

Grotius & moi cette différence, qu'il en apporte une raison frivole, & que j'ose croire la mienne incontestable.

Si l'homme peut plus dans la famille, c'est que son autorité est une suite nécessaire de l'opération même qui a constitué cette famille dans l'état où elle est : c'est que du moment qu'elle existe, il faut qu'il en soit le chef absolu, & qu'elle seroit dissoute, s'il cessoit d'y commander : c'est que si par sa nature il ne doit avoir ni maître, ni inférieur, il doit par celle de la société tour-à-tour être soumis & impérieux, obéir tant qu'il n'est que fils, & ordonner quand il est devenu pere.

Loke a donc tort d'avancer que son autorité est sujette à un partage. Il est mal-fondé à prétendre que le pouvoir paternel appartient aux parents indistinctement & en commun. Il n'a pas plus de raison d'insinuer que c'est un prétendu défaut de justesse dans une expression, qui a fait attribuer au pere fur fes enfants une jurifdiction exclufive.

Elle lui appartient au même titre que la propriété de fes autres biens : elle n'appartient qu'à lui, & ne fauroit pafler dans d'autres mains que de fon aveu. Ce principe a été un des premiers découvert & fuivi dans le monde. Ce n'eft que dans des temps plus modernes qu'il a éprouvé des contradictions & des affoiblissements : la loi qui remet entre les mains du pere feul les rênes defpotiques avec lefquelles il doit régir toute fa famille, eft à peu près de la même date que celle qui a permis d'enclorre un champ d'une haie ou d'un foffé.

CHAPITRE VIII.

Que le pouvoir paternel, quoiqu'illimité, étoit plus doux qu'on ne croit.

IL ne faut pourtant pas croire que la condition des enfants fût aussi dure que celle des esclaves. Quoiqu'ils portassent à peu près le même joug, on ne doit pas penser que cette égalité d'obéissance produisît entr'eux une égalité de traitement. Les premiers avoient bien plus de motifs de consolation que les seconds, quoiqu'ils fussent tous astreints sans distinction à suivre les mouvements de la main puissante qui les dirigeoit.

La tendresse paternelle tempéroit sans doute, pour les uns, cette autorité despotique qu'une défiance excusable appesantissoit encore pour les autres. La crainte étoit le seul lien qui attachât les efclaves à la maifon du propriétaire : il falloit donc toujours entretenir chez eux ce fentiment accablant qui prévenoit la révolte, en détruifant tout le reffort de leur ame : il ne falloit fe montrer à eux qu'avec le bâton levé, toujours prêt à punir. On étoit obligé de foutenir à leur égard une démarche inhumaine, par une fuite de démarches cruelles ; & parce qu'on les avoit une premiere fois rendu malheureux, on ne pouvoit plus fe difpenfer d'aggraver leur mifere, puifqu'elle étoit la bafe de la félicité du maître.

Le fort des enfants étoit bien différent. Chez eux la crainte n'excluoit pas l'amour. Ils devenoient l'inftrument plus que l'objet du pouvoir du pere. Si la politique avoit cru devoir les réduire à trembler fous lui, la néceffité en faifoit fes confidents & fes appuis.

Dès qu'une fois leur état fe trouvoit fixé, & leur dépendance bien reconnue, ils cessoient de devenir suspects. On n'appréhendoit plus qu'ils excitassent de trouble contre le chef de la famille. Pour leur ôter l'envie de s'en éloigner, il en agissoit avec eux de façon qu'ils ne pussent pas se flatter de retrouver ailleurs ce qu'ils auroient laissé chez lui.

Son empire n'étoit donc ni si dur, ni si humiliant qu'on pourroit l'imaginer : tout concouroit à le rendre supportable, autant que nécessaire. Il s'adoucissoit de lui-même par l'usage. Quoique dans la spéculation il fût & dût être sans limites, il en recevoit d'assez étroites dans la pratique ; & alors tout bien examiné il seroit difficile de décider si les enfants avoient plus perdu que gagné à cesser d'être libres.

En donnant l'exemple de l'obéissance à tout le reste du domestique, ils acquéroient le droit de veiller à ce que personne ne s'en écartât. Ils étoient les lieutenants naturels du despote. A qui convenoit-il mieux de le repréſenter, qu'à ceux qui étoient ſortis de ſon ſang ? A qui pouvoit-il avec plus de confiance remettre l'exercice de ſon autorité, qu'à ceux qu'un double lien engageoit à n'en pas abuſer, du moins contre lui ?

Les moindres fautes, il eſt vrai, pouvoient exciter, dans un maître abſolu, une ſévérité inexorable. Il étoit à craindre qu'un pouvoir ſans bornes ne produiſît une rigueur ſans proportion. Un bras que rien n'avoit droit d'arrêter, étoit capable de porter des coups trop peſants, quand la colere le conduiſoit: il pouvoit arriver que le châtiment infligé par un deſpote aveugle ou prévenu, ſurpaſſât le délit, & privât ſucceſſivement la ſociété d'un ou de pluſieurs citoyens qu'elle étoit intéreſſée à conſerver.

Cet inconvénient étoit réel : mais il avoit ſon remede ou ſon préſervatif dans la cauſe même qui pouvoit le produire. On évitoit plus ſoigneuſement de devenir coupable, en voyant

la force & l'indépendance de la main
armée pour punir. On trembloit davantage de commettre des fautes,
quand on fongeoit à l'étendue de la
puiffance qui en arbitreroit la peine.
La crainte qu'elle infpiroit devoit
rendre fort rares les occafions de
l'exercer; & pour qu'elle fût prefque fans ufage, il fuffifoit qu'elle
exiftât.

D'ailleurs il n'y a pas de grands
biens dont il ne puiffe naître de petits maux, & celui-là étoit un de ceux
qui devoient le moins effrayer les légiflateurs. Il y avoit moins de péril à
rendre les peres trop puiffants, qu'à
laiffer les enfants trop libres. L'abus
que les premiers étoient en quelque
forte autorifés à faire de leur pouvoir,
tendoit à affermir la fociété ; celui
que les feconds auroient fait de leur
indépendance, l'auroit détruite fans
reffource. Son fondement eft la privation qui ôte tout au grand nombre, pour tout donner au petit : fon
lien eft la crainte qui fait refpecter

ce partage inégal. Laquelle étoit plus favorable à son soutien & plus conforme à son esprit, d'une autorité qui néceffitoit l'obéiffance, ou d'une liberté qui auroit légitimé les révoltes ?

Le defpotifme paternel admettoit des modifications : l'affranchiffement des enfants ne pouvoit conduire qu'à des excès. Il n'eft donc pas étonnant que la légiflation fe foit décidée en faveur de l'un au préjudice de l'autre. Il étoit naturel que des réglements deftinés à maintenir la paix appuyaffent un établiffement qui faifoit la moitié de leur ouvrage. Quand il n'y avoit point de divifions entre les familles, la guerre ne pouvoit naître qu'entre les chefs : ce qui diminuoit beaucoup les fecouffes dont la conftitution de la fociété la rendoit fufceptible.

CHAPITRE IX.

Que le droit exclusif accordé aux enfants de succéder à leur pere, étoit une compensation de la dépendance qu'on leur avoit imposée.

D'APRÉS tout ce qu'on vient de voir, on ne doit pas être surpris que la génération nouvelle se soit prêtée sans répugnance à subir le joug auquel on venoit de la soumettre. Il lui étoit moralement impossible de s'y refuser. Elle s'y étoit familiarisée pendant la longue durée de l'enfance. Le pouvoir qui captivoit sa vigueur succédoit imperceptiblement à celui qui avoit aidé sa foiblesse. Un enfant voyoit dans son pere un maître redoutable, avant que de cesser d'y voir un bienfaiteur compatissant. Ces deux idées se fondant, pour ainsi dire, ensemble, ces deux façons d'envisager le même homme s'adouciſſant ou ſe fortifiant l'une par l'autre, le ſentiment confus, mais efficace qu'elles devoient produire, prévenoit également l'effroi de la puiſſance ou l'abus de la bonté. Il n'en reſtoit que ce qu'il falloit pour motiver à la fois la ſoumiſſion & la tendreſſe.

Ce n'étoit pourtant pas encore aſſez. La crainte & l'amour ſont ſans doute deux puiſſants mobiles de l'eſprit humain. Mais l'effet de l'une & de l'autre eſt ſouvent traverſé par les paſſions. Leur force d'ailleurs dépend preſque toujours de la préſence de l'objet qui les excite. Elle ſuit les degrés de ſon éloignement ou de ſon voiſinage dans ſon accroiſſement comme dans ſa diminution. Pour lui donner une activité conſtante, il falloit encore y joindre un motif plus impérieux, un ſentiment vainqueur de tous les autres, un ſentiment que l'abſence irrite & que l'éloignement nourrit, qui a ſa ſource dans les paſſions mêmes, & les ſubjugue toutes

en les flattant. Ce motif fut l'espérance dont la politique sut alors faire
l'usage le plus adroit.

Le maître redouté, dont les mains
vigoureuses avoient aidé à poser les
premieres pierres de l'édifice social,
commençoit à se ressentir des ap-
proches de la vieillesse : le temps in-
sultoit sa personne en affermissant
son ouvrage. Il se sentoit entraîné
vers ce terme fatal où une triste expérience lui avoit déjà trop appris
que tout devoit aboutir. Il entre-
voyoit le moment où cette propriété
si bien établie alloit lui échapper.
Déjà se découvroit à ses yeux l'époque terrible où, de tant de biens
accumulés par la force, il ne lui res-
teroit plus que le besoin d'un tombeau.

A qui laisseroit-il ces biens dont
il alloit être forcé d'abandonner la
possession ? Quels seroient ses succes-
seurs au prix de ses travaux & de
ses combats ? Ne devoit-il pas retourner à ces autres lui-même, si long-

temps

temps élevés dans son sein ? Ils avoient contribué au soutien & à l'augmentation de sa fortune. N'étoit-il pas juste qu'ils en recueillissent le fruit ?

Ils étoient restés attachés, soumis à lui pendant une longue suite d'années. Si la crainte de se dépouiller pendant sa vie l'avoit empêché de reconnoître leurs soins en les admettant à sa propriété, n'étoient-ils pas en droit d'y prétendre après sa mort ? & quel intérêt pouvoit l'empêcher de concourir à leur en faire adjuger la possession, puisqu'elle alloit lui échapper pour toujours ?

Il avoit voulu rester leur maître pour jouir lui-même de leurs hommages & de leurs respects. Mais pouvoit-il soutenir l'idée d'éterniser l'esclavage de son propre sang ? se feroient-ils d'ailleurs prêtés à passer sous un pouvoir étranger, avec les chaînes dont il les avoit chargés ? La puissance qui les contenoit venant à se dissoudre, n'auroient-ils pas repris leur liberté ? ou les efforts que l'on auroit hafardés pour les en priver une feconde fois, n'auroient-ils pas caufé des combats au milieu defquels fe feroit anéanti le nouvel ordre qui lui avoit coûté tant de peine à introduire ?

Chaque pere de famille faifoit fans doute ces réflexions de fon côté. Elles devoient fe préfenter aux enfants mêmes qu'un intérêt fi preffant rendoit clair-voyants & attentifs à tout ce qui fe paffoit autour d'eux. Cette adoption commune des mêmes idées amena bientôt un réglement général, qui mit le comble à la fécurité des uns, & rendit plus affurée que jamais la foumiffion des autres, parce qu'elle fut plus volontaire.

On ne parut plus exiger de ceux-ci qu'un affujettiffement paffager, auquel on attacha même une compenfation durable. On leur laiffa efpérer d'obtenir du temps un affranchiffement infaillible. On leur promit de les laiffer à leur tour parvenir au droit

de commander, après qu'ils auroient
long - temps éprouvé la nécessité
d'obéir. On leur montra la perspec-
tive agréable d'être un jour respectés , craints, servis avec autant
d'exactitude, qu'ils en auroient eu
eux-mêmes en remplissant ces fonctions. Enfin si on les comprit au nombre des choses sur lesquelles on accordoit aux peres un empire sans réserve,
on leur adjugea aussi le droit exclusif
d'y succéder.

L'une de ces concessions fut le
rempart de la propriété à laquelle
on subordonnoit tout : l'autre devint
le prix d'une longue servitude suppor-
tée avec patience. Dès-lors le chef de
famille put envisager la multiplication de ses enfants comme l'accroiss-
sement de son bien : il leur en confia
la défense, & l'administration, qui
commença à les intéresser, puisque la
propriété devoit leur en revenir un
jour. Il vit sans inquiétude augmenter le nombre de ces gardiens, qui
existant par lui, ne pouvoient plus

déformais exifter que pour lui. Ses
foins pour eux en furent plus tendres,
& fon attachement s'accrut dans la
même proportion que la tranquillité
de fon domaine.

De leur côté les enfants autorifés
à regarder le bien de leurs peres
comme leur propre patrimoine, fe
trouverent dédommagés d'une privation qui n'étoit que momentanée.
Ce fut alors que l'habitude de porter
le joug, & la certitude de ne le pas
porter toujours, le leur fit paroître
plus doux. Sous l'autorité paternelle
qu'ils reconnoiffoient, ils donnerent
eux - mêmes le jour à de nouveaux
fujets qu'ils fe firent un plaifir de lui
foumettre. L'aïeul fut témoin avec
tranfport d'une fécondité qui reculoit
les bornes de fon empire : & tandis
que les extrêmités de la famille ga-
gnoient du terrein en fe prolongeant
toujours, il fe confidéra avec joie
dans le centre, comme la tige commune à laquelle fe rapportoient toutes
les branches.

CHAPITRE X.

Preuves de ce que contient le chapitre précédent. Que les enfants abſents de la maiſon du pere n'en partageoient pas la ſucceſſion.

J'AI dit que la faculté excluſive de ſuccéder étoit l'ouvrage de la politique. J'ai avancé qu'elle avoit voulu par là contenir l'inquiétude de tant d'hommes dans la fougue de l'âge, & récompenſer en même temps leur patience à ſouffrir un joug aſſerviſſant. Les paſſions pouvoient leur faire ſentir combien il étoit doux de jouir. La nature leur en avoit donné les moyens. Nés avec des bras robuſtes, ils auroient pu être à chaque moment tentés de s'approprier ce qui ſe feroit trouvé à leur portée, ſi l'on n'avoit ſuſcité dans leur cœur un gardien vigilant, capable d'éloigner la tentation, ou de la réprimer.

Ce gardien, c'étoit l'espérance de devoir un jour à la justice ce qu'ils n'auroient pu tenir auparavant que de la force. Par un peu d'attente ils s'épargnoient des remords, & même des dangers. Cette même espérance qui avoit défendu leurs peres contre eux, les garantissoit aussi des entreprises de leurs enfants. Ils jouissoient plus tard, mais avec plus de sécurité. Quand ils y étoient une fois parvenus, le repos présent les dédommageoit de la complaisance passée.

Tel fut donc le principe de la partie du droit civil qui établit d'abord celui des successions. Cela est si vrai qu'un enfant alors, & encore long-temps après, en étoit exclu, par cela seul qu'il ne vivoit pas dans la maison paternelle. Ceux qui y étoient restés assidument recueilloient seuls la totalité des possessions. Ils réunissoient sur leurs têtes les droits des absents, & ceux-ci par l'éloignement

étoient déchus de leurs prérogatives.

Ainsi on jugeoit que pour avoir
part à un héritage, i. falloit avoir
partagé les désagrémens & les travaux dont il étoit la compensation.
Pour revendiquer les privileges attachés au nom de fils, il falloit en
avoir essuyé les peines & exercé les
fonctions; quiconque s'étoit souſtrait
aux unes, devenoit indigne des autres. Que l'éloignement eût été volontaire ou forcé, il avoit les mêmes
effets; & pendant long-temps on ne
connut point d'autre façon de déshériter les enfants, que de les écarter
du domicile de leur pere. C'eſt de
quoi la seule histoire d'*Abraham* fournit les preuves les plus convaincan-
tes.

Premiérement, qu'on le voie sor-
tir de chez son pere *Tharé*, pour
suivre l'ordre de Dieu qui l'appelle
dans la terre de *Chanaan. Il emmena,*
dit la *Genese, tout ce qu'il poſſédoit,*

& ce qui lui étoit né à *Haran* (*a*). Il n'est pas dit que son pere lui ait fait aucun avancement d'hoirie, ni qu'il ait été question en faveur du voyage qui le séparoit pour jamais du reste de sa famille, de procéder à aucun partage.

On ne sauroit le présumer. *Tharé* étoit encore plein de vie. Il avoit engendré *Abraham* à soixante & dix ans : & il en vécut en tout deux cents cinq. Il n'en avoit que cent quarante-cinq au départ de son fils, qui le quitta à soixante & quinze. On ne doit donc pas supposer qu'il se soit dépouillé pour enrichir le patriarche qui l'abandonnoit sans retour, d'autant plus qu'il avoit d'autres enfants, d'autant plus qu'il pouvoit en avoir encore, & que d'ailleurs *Abraham* paroît dès-lors avoir été riche.

Si l'on demande d'où lui seroient

(*a*) *Et animas quas fecerant in Haran.* Genese, chap. 12.

venues ces richeffes, c'eft ce qu'il eft affurément fort difficile de démêler avec quelque certitude: mais on pourra en entrevoir la fource, fi l'on fonge que les loix de la propriété, en s'affermiffant même, avoient pu fe relâcher. Il eft affez probable que les peres affignoient à chacun de leurs enfants un pécule, dont ils abandonnoient la conduite à leur induftrie, & dont ils leur laiffoient le profit.

Le marché de *Laban* avec fon coufin *Jacob* eft un exemple des conventions qui pouvoient avoir lieu entre des parents plus proches. Il étoit naturel que le chef d'une famille fe voyant riche en troupeaux, & pere de plufieurs enfants, leur en confiât la direction. Il l'étoit auffi que pour récompenfer leur fidélité, ou pour animer leur vigilance, il leur permît d'en partager le produit aux conditions qu'il impofoit lui-même.

Ils devenoient pour ainfi dire fes fermiers. Il fe contentoit de refter

L 5

le propriétaire du fonds du troupeau
que les redevances annuelles augmentoient tous les jours ; & il ne les empêchoit pas d'employer leur bonheur
ou leur intelligence, pour accroître
de leur côté ce qu'ils en avoient
tiré.

Cette politique fait aisément concevoir comment *Abraham* put se trouver opulent, en quittant la maison
paternelle, sans rien recevoir de son
pere. D'ailleurs il étoit heureux par
lui-même. La protection du ciel tour-
noit en avantages pour lui, les inci-
dents qui sembloient devoir causer sa
perte. Si un prince voluptueux lui
enleve sa femme, que l'on prend pour
sa sœur, il lui en revient des pré-
sents sans nombre. On lui donne des
brebis, des bœufs, des esclaves,
c'est-à-dire, de toutes les especes de
richesses alors connues.

La colere de Dieu éclate - t - elle
contre le ravisseur ; est-il forcé, par
la puissance divine, de rendre la proie
dont il s'est emparé, la restitution

devient pour *Abraham* auſſi lucrative que l'enlévement. L'une & l'autre
lui attirent des bienfaits. On le charge de dons en prenant ſa femme :
on l'en accable en la lui rendant. Il
n'eſt pas étonnant qu'un homme ſi fa-
voriſé du ciel, & ſi bien traité ſur la
terre, ait acquis de très-grands biens :
il ne l'eſt pas qu'il ait pu ſe ſéparer de
ſes freres ſans les appauvrir par un
partage prématuré.

Si pourtant il avoit eu des droits
ſur les poſſeſſions paternelles, le
moment de les revendiquer auroit
été ſoixante ans après, à la mort
de *Tharé*. Si *Abraham* s'étoit encore regardé comme héritier, c'étoit
alors qu'il falloit revenir, & faire
valoir ſon titre. Cependant il reſte
en repos. Il oublie entiérement ſa
famille. Il ne ſonge ni aux biens qu'il
y a laiſſés, ni aux révolutions qui
peuvent y être arrivées. Il ſe conſi-
dere comme étranger par rapport à
elle.

Il ne s'en ſouvient que quand il
L6

s'agit d'y chercher une femme pour
son fils. Alors il y envoie un exprès
qu'il charge de cette commission. Si,
malgré son exil volontaire, il avoit
conservé des droits sur sa part à la
succession de *Tharé*, & que l'éloignement seul l'eût empêché de les
réclamer, le voyage d'*Eliézer* étoit
une occasion favorable qu'il ne falloit
pas manquer. S'il les avoit abandon-
nés, par pure générosité, il pouvoit
compter sur la reconnoissance de ses
freres ou de ses neveux qui en avoient
profité, & ceux-ci lui en auroient
donné des marques.

Dans l'un ou l'autre cas il devoit
instruire son mandataire, ou des droits
qu'il s'étoit réservés, ou de ceux auxquels il avoit renoncé. Il ne falloit
ni négliger de lui apprendre les motifs
d'une répétition qu'il pouvoit pour-
suivre, ni l'exposer à recevoir des
remerciements dont il n'auroit pas
compris la cause. Cependant son
maître ne lui dit rien. Toutes ses ins-
tructions se réduisent au mariage

projeté. Sa miſſion eſt remplie dès qu'il a demandé & obtenu une femme telle qu'il la ſouhaite. Ni lui, ni les parents avec qui il traite, ni le patriarche qui l'envoie ne font dans toute cette affaire mention du moindre intérêt temporel. Il eſt donc plus que probable qu'il n'y en avoit pas.

Cette indifférence de tous les côtés nous autoriſe à conclure que les parents ſe conformoient à la loi en gardant tout, de même qu'*Abraham* en ne redemandant rien. De part & d'autre le ſilence n'emportoit ni mérite ni injuſtice. Le mari de *Sara* ne regrettoit pas une ſucceſſion à laquelle il avoit renoncé lui-même, & dont Dieu le dédommageoit par les faveurs dont il récompenſoit ſa foi. Les enfants de *Nachor* ne lui en ſavoient pas gré, puiſque ce n'étoit pas de lui préciſément, mais de la loi, qu'ils tenoient les biens dont ſon abſence l'avoient privé.

CHAPITRE XI.

Nouvelles preuves dont il réfulte que les enfants abfents étoient exclus de la fucceſſion du pere.

L'INDUCTION que je tire de ce trait d'hiſtoire me paroît naturelle : voici quelque choſe de plus fort. On a déjà vu les termes dont ſe ſervoit *Sara* dans ſa colere, pour exiger de ſon mari le banniſſement du fils de l'eſclave qui lui étoit devenue odieuſe. *Chaſſez-le*, dit-elle, *car il ne fera pas héritier avec mon fils Iſaac.* Ce peu de mots emporte une démonſtration complete de ce que j'ai dit.

Si la fimple expulſion n'avoit pas été une exhérédation formelle, une femme vindicative, telle que *Sara*, ſe feroit-elle contentée d'une précaution ſi légere ? Si l'abſence d'un fils n'avoit pas nanti l'autre de tous les biens du pere, une mere auſſi jalouſe des droits du sien, s'en seroit-elle te- nue à demander l'éloignement de celui dont le retour pouvoit un jour les rendre douteux ? Si le petit Ismaël n'avoit pas été exclu de la succession de son pere, par cela seul qu'il alloit vivre loin de lui, la rivale d'*Agar* auroit-elle donné la nécessité de l'en priver, comme une raison de le chaf- fer ? Si l'éloignement n'avoit pas fait de tort à ses droits, *Sara* se vengeoit d'une maniere encore plus petite qu'inhumaine.

Il y auroit eu même dans sa con- duite plus d'imprudence que d'a- dresse, s'il n'avoit pas existé de loi qui astreignît l'enfant exilé à res- pecter cette marque de la volonté paternelle, & qui mît un obstacle invincible à sa rentrée dans des biens que l'intérêt l'auroit assez porté à ré- clamer. C'étoit exposer le fils chéri au ressentiment du fils disgracié. C'é- toit le mettre dans le cas de se voir un jour dépouillé, par la force, de cet héritage qu'il auroit dû à une préférence capricieuse.

De même qu'on vit peu de temps après trembler le berger *Jacob* à l'approche du guerrier *Esaü* qu'il avoit cruellement offensé, de même aussi *Isaac*, pacifique & débonnaire comme il l'étoit, auroit eu tout à craindre du pere des *Arabes*. Celui-ci, élevé dans les déserts de *Pharan*, devenu chasseur adroit (*a*), & voleur impitoyable, auroit sans doute commencé par demander une restitution juste de son propre bien, avant que de s'emparer injustement de celui des autres.

C'est cependant ce qui n'arriva pas. Le fils d'*Agar* fut réduit pour toute légitime, au pain & à l'outre pleine d'eau qu'on avoit mise sur les épaules de sa mere en la chassant ainsi que lui.

(*b*) *Ferus homo : manus ejus contra omnes, & manus omnium contra eum.... Juvenis sagitarius.... Genese, chap.* 12 & 21.

Il ne penfa jamais à fe plaindre de ce partage inégal. Il fe contenta pour tout patrimoine de fon défert & de fes fleches.

Ce ne fut point aux dépens de fon heureux cadet qu'il développa cet efprit de rapine qu'il tranfmit depuis à fes defcendants. Il refpecta toujours dans la poffeffion d'Ifaac le titre qui l'autorifoit : & ce titré n'étoit pourtant autre chofe que l'arrêt violent prononcé par *Sara*, & exécuté par *Abraham* : *Ejice ancillam & filium ejus.* Peut-on croire qu'il eût paru fi impofant à un homme tel qu'Ifmael, s'il n'avoit été la fuite d'une loi générale & facrée ?

Ce n'eft pas encore tout. *Abraham* devenu veuf fe remarie. Il a fept fils d'une feule femme. Il ne s'en tint probablement pas à celle-là, puifque l'écriture parle des enfants de fes concubines (*b*). Cependant fon pro-

---

(*e*) *Gen.* chap. 25. v. 6.

jet , conformément aux ordres de Dieu, étoit de laiſſer tous ſes biens à *Iſaac.* Que fait-il pour les lui aſſurer ? Il ne garde que lui ſeul dans ſa maiſon : il en écarte tous les autres de ſon vivant.

Sara étoit morte , & il ne les traite pas ſi durement qu'*Iſmael* (*c*). Il leur fait des préſents , & les envoie s'établir vers l'*Orient* : de ſorte qu'à ſa mort *Iſaac*, chargé ſeul de l'adminiſtration des biens, en recueille excluſivement auſſi la propriété. Cette opération ſuffit pour le conſtituer héritier unique. Malgré le grand nombre des perſonnes intéreſſées à combattre ſes droits, il n'y en a pas une ſeule qui les lui conteſte : preuve évidente de l'exiſtence d'une loi qui les condamnoit au ſilence.

Peut-être dira-t-on qu'*Abraham* avoit pu faire un teſtament qui ex-

____

(*c*) *Separavit eos ab Iſaac filio ſuo, dum adhuc viveret, ad plagam Orientalem.* Ibid.

cluoit les rivaux du fils bien aimé : peut-être pensera-t-on qu'*Isaac* étoit légataire plutôt qu'héritier, & que son privilege pour succéder seul étoit moins fondé sur une disposition générale du droit commun, que sur une volonté particuliere du pere mourant, énoncée dans un acte juridique.

Mais si cette circonstance avoit eu lieu, l'écrivain sacré auroit-il oublié d'en faire mention ? La préférence spéciale attribuée à *Isaac* & à *Jacob*, étoit le fondement des droits qu'alloit revendiquer le peuple pour qui *Moïse* écrivoit : aussi n'oublie-t-il aucune particularité capable de l'éclaircir : il faisit tout ce qui est propre à donner à son histoire l'authenticité qu'elle pouvoit recevoir de l'assemblage des monuments humains, outre celle qu'elle tenoit de l'influence de *l'Esprit saint* qui la dictoit.

Il promene les patriarches dans tout le pays de *Chanaan*, dont il animoit leurs descendants à s'emparer. Il fait voir par-tout des traces de leur paſſage. Il entre à cet égard dans les plus petits détails. Il ne manque aucune occaſion de montrer aux Juifs qu'il conduiſoit, leurs ancêtres appellés depuis long-temps à la poſſeſſion de la terre, où il promet de les faire rentrer. Il parle du puits *du vivant & voyant*, de *l'arbre de Mambré*, de *la pierre de Béthel*, des bénédictions données à *Jacob* au préjudice d'*Eſaü*, enfin de tout ce qui peut intéreſſer ſa nation. Il pouſſe le ſoin de ne rien omettre à ce ſujet juſqu'à un ſcrupule qui nous paroîtroit minutieux, ſi Dieu lui-même ne l'avoit jugé néceſſaire.

Auroit-il négligé une circonſtance auſſi précieuſe que celle d'un teſtament qui auroit transféré à Iſaac toutes les prérogatives dues au favori du ciel, qui auroit inſpiré à ſes envieux plus de reſpect pour ſes droits & plus de ménagement pour ſa perſonne? *Moïſe* n'auroit-il pas mis dans tout ſon jour une particularité auſſi

effentielle à l'hiftoire d'un des auteurs
de la colonie qu'il dirigeoit ?

Abraham , en donnant à fon fils des
marques de tendreffe , auroit fans
doute auffi dit dans le même acte
quelque chofe de fa poftérité. Dieu
l'auroit éclairé fur l'avenir : il lui auroit permis d'annoncer des événe-
ments futurs , & de prophétifer en
faveur d'une race qu'il deftinoit à de
fi grandes chofes, comme le fit depuis
Jacob au lit de la mort. L'oreille
d'*Abraham* avoit été frappée tant de
fois des promeffes magnifiques faites
à fa poftérité. Il les auroit rappellées
en affurant un fi grand avantage à
celui qui devoit partager avec lui
l'honneur de la produire : ç'auroit été
même un moyen pour légitimer aux
yeux des hommes une donation exclufive qui pouvoit fans cela paroître
extraordinaire.

Quand il achete un petit champ
avec une caverne pour y enterrer fa
femme, le légiflateur fait le récit 'e
plus exact des motifs , des prélimi-

naires de la conclufion & de la con-
fommation du marché (*d*): il donne
jufqu'à la defcription topographique
du champ & de la caverne. L'une eft
double, & regarde *Mambré* : l'autre
dans tout fon circuit eft environné
d'arbres qui font vendus avec le
fonds. Un hiftorien auffi foigneux,
& auffi-bien inftruit en confervant
avec tant d'attention de femblables
détails, auroit-il oublié de tranfcrire
en entier une piece auffi intéreffan-
te, que d'autres qu'il rapporte femblent au premier coup-d'œil l'être
peu ?

Tout nous autorife donc à croire
qu'en effet *Abraham* ne fit point de
teftament. C'eft là le cas où une preuve négative devient concluante, où
une omiffion acquiert la force d'une
affirmation. *Ifaac* fuccéda à fon pere
fans contradiction, parce qu'à fa mort

____

(*d*) Gen. chap. 23.

il étoit feul à portée d'en recueillir les biens. Pas un de fes freres ne fongea à l'inquiéter, parce qu'il agiſſoit en vertu d'un droit établi & reconnu. D'où il s'enfuit, comme je l'ai dit, que l'abfence emportoit une renonciation volontaire ou forcée à l'hérédité, & que par conféquent l'ordre introduit dans les fucceſſions étoit l'ouvrage de la politique.

Elle vouloit par là maîtrifer les efprits. Elle confolidoit la propriété du pere. Elle multiplioit à fa portée les occafions de manifefter fon pouvoir. Elle lui donnoit un moyen facile pour punir à la fois les enfants rebelles & récompenfer ceux qui reftoient foumis. Elle veilloit auffi en même temps à prévenir la difperfion des familles. La crainte de la privation, & l'efpoir de la jouiſſance en retenoient les membres autour du chef. Ils difputoient entr'eux de zele, d'attachement & d'affiduité auprès de lui, parce que le prix de ces vertus dépendoit de leur exercice.

CHAPITRE XII.

Que les collatéraux n'étoient pas rappellés à la succession, même au défaut des enfants.

LA peine attachée à l'abfence, démontre affez l'efprit qui préfidoit au partage des biens d'un propriétaire après fa mort : mais il y a encore plus ; c'étoit fi bien la politique qui en avoit dicté les regles ; la nature, & la proximité du fang y avoient été fi peu confidérées, que quand le défunt ne laiffoit pas d'enfants, fes domaines ne retournoient point à fes parents. Ce n'étoit pas à des collatéraux, quelque proches qu'ils fuffent, que fe tranfmettoit fa propriété.

Elle paffoit à celui de fes efclaves qui avoit le plus repréfenté le rôle d'un fils ; la loi lui donnoit pour héritier celui de fes domeftiques, qui,

étant

étant né dans sa maison, avoit vécu le plus long-temps avec lui. C'est qu'on supposoit que c'étoit aussi celui qui avoit eu le plus à souffrir de la servitude, & qui étoit par conséquent le plus en droit d'en répéter le dédommagement.

C'est de quoi je trouve encore dans la *Genese* une preuve qui me paroît indubitable. J'aime à en tirer mes exemples, premiérement, parce que son auteur étoit un homme inspiré ; secondement, parce que cet homme inspiré étoit un légiflateur adroit & instruit ; troisiémement, parce que son ouvrage est le plus ancien monument qui existe en ce genre, & qu'on y reconnoît par-tout l'esprit de l'antiquité dont je cherche à développer ici les maximes. Or il renferme un trait qui démontre sans réplique la préférence accordée à un esclave assidu auprès de son maître, quand celui-ci n'avoit point d'enfants, sur les collatéraux les plus proches par le

fang, & les plus voifins par le domicile.

Abraham, dont le nom n'étoit encore que de deux fyllabes, s'entretient
avec Dieu : l'Être fuprême l'affure de
fa protection, & l'engage à concevoir les efpérances les plus flatteufes.
Ah! Seigneur Dieu, que me donnerez-
vous, dit le patriarche ? *je mourrai*
fans enfants. Eliéfer de Damas, mon
intendant, a un fils, & parce que vous
ne m'avez point donné de poftérité, c'eft
cet enfant, né dans ma maifon, qui
fera mon héritier : & Dieu lui répond :
Non, ce n'eft point celui-là qui fera
votre héritier, mais celui qui fortira de
vous. Voilà la traduction fimple &
fidelle des verfets 2, 3 & 4 du chapitre 15 de la *Genefe.*

Pufendorff & Barbeyrac ont connu
& cité ce paffage (*a*) ; mais tous deux
en tirent une bien finguliere confé-

(*a*) Voyez du droit de la nature & des gens,
liv. 4, chap. 10, n°. 5, & note 2, fur le n°. 4.

quence: c'eſt qu'*Abraham* avoit dès-
lors deſſein de diſpoſer de ſes richeſſes
pendant ſa vie. Suivant eux il ſon-
geoit à inſtituer par un teſtament le
jeune *Élieſer* ſon légataire univerſel:
& quand il diſoit , *c'eſt lui qui ſera*
mon héritier, ce n'eſt pas que l'eſclave eût encore aucun droit acquis:
mais le patriarche avoit en vue celui
qu'il vouloit lui donner.

D'abord un moyen déciſif contre
ce ſyſtême, & dont j'aurois pu faire
uſage dans le chapitre précédent,
c'eſt qu'il eſt plus que douteux que
la faculté de teſter fut alors connue.
On pourroit peut-être aſſurer, ſans
craindre de ſe tromper, que les droits
d'un homme ſur les biens qu'il avoit
eus ſur la terre s'évanouiſſoient en
même temps que lui. Sa poſſeſſion
ceſſoit avec ſon exiſtence. On n'avoit
pas encore imaginé de ſoumettre les
vivants à la volonté des morts, &
d'étendre la jouiſſance au delà du
trépas (*b*).

____

(*b*) Voyez à ce ſujet le chap. 14 de ce livre.

Enſuite quand il feroit vrai que cette eſpece de délire de l'eſprit de propriété eût déjà lieu, ce qui eſt certainement difficile à prouver ; quand on pourroit croire que les hommes avoient dès-lors trouvé le moyen de ſignaler leur empire juſque dans les bras de la mort, & de conſigner en expirant, des ordres qu'on ſuivoit lors même qu'ils n'étoient plus, *Pufendorff*, ni *Barbeyrac* n'en feroient pas plus avancés. Il n'exiſte, dans le paſſage cité, aucune trace d'un teſtament, ni de rien qui y reſſemble. Au contraire toutes les expreſſions en éloignent l'idée. Dans ce que dit *Abraham*, & dans ce que Dieu lui répond, il n'y a pas un mot qui puiſſe faire ſoupçonner à beaucoup près une diſpoſition libre, faite avec réflexion, en faveur d'une perſonne choiſie.

Le patriarche s'adreſſe au Seigneur dans l'amertume de ſon ame. C'eſt dans un forte de tranſport douloureux, c'eſt avec une eſpece de re-

proche qu'il lui dit : " Vous me pro-
» mettez beaucoup ; mais comment
» pourrois-je profiter de vos bontés?
» ce n'eſt ni à moi ni aux miens qu'il
» ſera permis d'en recueillir les fruits.
» Ils paſſeront entre les mains d'un
» étranger que la loi me donne pour
» ſucceſſeur. Vous m'avez refuſé la
» puiſſance d'engendrer, *non dediſti*
» *mihi ſemen* : par conſéquent tous les
» avantages dont vous me flattez de-
» viendront la proie d'un eſclave que
» j'ai nourri; *vernaculus*. C'eſt lui qui
» ſe trouvera par ma mort le maître
» de tous mes biens. »

Tel eſt évidemment le ſens des paroles d'*Abraham*. Loin qu'elles annoncent de ſa part, comme dit *Barbeyrac*,
un deſſein formé d'aſſurer au fils de
l'intendant tous ſes biens, on y décou-
vre un violent regret de ne pouvoir
l'en priver. C'eſt en ſoupirant que
le pere des *Hébreux* ſonge aux mains
qu'il va être forcé d'enrichir. Il ſe
repréſente avec un ſerrement de cœur
le moment qui fera paſſer toutes ſes

poſſeſſions au ſang de l'homme de *Damas*, iſle Damaſcus. Quoique dans un caractere doux comme le ſien, l'indignation ne paroiſſe pas auſſi vive qu'elle le feroit dans un autre, elle perce aſſez dans ſes diſcours, pour qu'on ne puiſſe pas la méconnoître.

L'explication que je donne à ſes paroles eſt encore mieux confirmée par la réponſe que Dieu lui fait. L'unique raiſon que le Seigneur apporte pour le raſſurer contre la crainte de voir tomber ſa ſucceſſion à l'homme qu'il redoute, c'eſt qu'il aura lui-même un fils; ce qui prouve que le fils ſeul pouvoit exclure l'eſclave, & qu'en effet ſans la naiſſance d'*Iſaac*, *Eliéſer* auroit été ſubſtitué à tous ſes droits.

Si *Abraham* avoit eu le pouvoir de faire un teſtament, peut-on ſuppoſer qu'il eût ainſi totalement oublié ſes parents? Il avoit tout auprès de lui ſon neveu *Loth*, à qui il avoit daigné ſervir lui-même de tuteur,

& qui ne paroît pas lui avoir donné de sujet de plaintes. A *Haran* en *Méfopotamie*, autour du tombeau de fon propre pere, vivoient encore d'autres neveux qui pouvoient lui fournir un héritier de fon fang, s'il avoit eu le droit de le choifir. Ne les auroit-il pas préférés au fils d'un efclave, encore tout flétri lui-même par l'opprobre d'une fervitude héréditaire ?

Quand il fe vit devenu pere, il aimoit encore affez fa famille pour ne vouloir pas affocier une étrangere aux bénédictions que le ciel affuroit à la race de fon fils : c'eft une de fes nieces qu'il lui donne pour époufe ; & la prodigieufe diftance de fa demeure ne l'empêche pas de l'envoyer demander aux parents de qui il falloit l'obtenir.

Dieu n'exigeoit pas de lui ce retour de tendreffe pour des proches qu'il lui avoit fait abandonner. Si donc une loi plus forte qu'elle ne l'avoit empêché de paroître, fi le droit commun n'avoit assuré au fils de l'intendant, au préjudice des collatéraux, l'héritage qu'il avoit gouverné aux mêmes conditions qu'un fils pendant la vie du maître, *Abraham* auroit sans contredit rappellé auprès de lui ou *Loth*, ou quelqu'un des enfants ou petits-enfants de son frere *Nachor*.

Il se seroit fait un plaisir de le présenter lui-même à Dieu devant qui il gémissoit de n'avoir pas d'héritier direct. Il l'auroit supplié de transférer sur sa tête, en faveur de la proximité, une fortune & des bénédictions qu'il voyoit près de lui échapper, faute de successeur pour les recueillir : & s'il ne le fit point, c'est sans contredit parce qu'il ne le pouvoit pas faire : c'est que la loi, dont j'ai déjà de tant de façons développé l'esprit, n'admettoit pour héritier dans une maison que celui qui en avoit aidé le maître. A ses yeux les collatéraux n'étoient que des étrangers sans conséquence : elle ne leur adjugeoit aucun avantage, parce qu'ils n'étoient d'aucune utilité. Ils avoient vécu hors de la dépendance du propriétaire : ils ne devoient donc point participer aux privileges qui la rendoient supportable.

CHAPITRE XIII.

*Explication d'une loi des Tartares, &
d'une coutume de l'Asie dont l'esprit
a échappé à l'auteur de l'esprit des
loix.*

VOILA donc deux loix bien dis-
tinctes & bien ignorées dont je suis
parvenu à trouver les preuves dans
l'antiquité. Elles sont nouvelles pour
nous sans contredit. Elles doivent
nous paroître singuliere : cependant
il ne faut pas s'imaginer qu'elles
soient entiérement détruites ; il ne
faut pas penser qu'il ne soit possible
d'en démontrer l'existence que par le
raisonnement. Elles existent encore
dans une grande partie du monde.
Elles gouvernent des peuples très-
nombreux qui ont conservé jusqu'à
présent les regles de la société primitive, & qui ont le bonheur de ne pas

connoître les abus de nos prétendues corrections.

La premiere de ces loix, celle qui prive les enfants absents de la succession du pere se maintient dans toute sa vigueur chez les *Tartares*, suivant le rapport de nos missionnaires qui ont mesuré leur pays, & étudié leurs mœurs.

Cette nation est une de celles dont l'origine se perd dans les siecles les plus reculés, & tient au commencement du monde. Ses coutumes sont aussi anciennes que son origine, & aussi immuables que sa façon de vivre ; de sorte que ce qu'ils font aujourd'hui, on peut dire que leurs peres l'ont fait, & en remontant ainsi de génération en génération, on peut être assuré que rien ne ressemble tant aux patriarches des temps passés, qu'un *Tartare* du nôtre.

La coutume qui regle chez eux la façon de succéder, est une confirmation de celle qui disposa des héritages parmi les premiers hommes. C'est ordinairement le dernier des mâles qui recueille les biens à la mort du pere, & cela, dit-on, dans l'esprit des loix, *parce que les autres l'ont quitté de bonne heure, pour aller eux-mêmes former des établiffements ailleurs, à mefure qu'ils en avoient la force. Celui qui refte dans la maifon avec fon pere,* ajoute M. le préfident de Montefquieu, *eft donc fon héritier naturel.*

Mais pourquoi feroit-il l'héritier naturel, finon parce que la loi ferme la porte de la maifon fans retour pour les autres dès qu'ils en font fortis? Pourquoi leur feroit-il défendu d'y rentrer, & d'y faire valoir leurs droits de fils, fi, comme on l'a dit, l'abfence n'en emportoit pas l'extinction?

C'eft le pere qui leur donne les troupeaux avec lefquels ils vont former leur nouvelle habitation; à la bonne heure : mais cette libéralité ne leur vaut pas fans doute ce que leur produiroit un partage égal quand il vient à manquer. Quelque généreufement qu'il les traite, il ne s'épuife probablement pas pour eux. Il garde plus pour lui qu'il ne leur donne ; & quelle que foit la portion de fes biens qu'il leur diftribue pendant fa vie, il y a toujours de la léfion pour eux à être exclus du partage après fa mort.

Mais la loi n'écoute point leurs plaintes à cet égard. Elle a voulu que la plus longue demeure auprès du chef de la famille fût récompenfée par la plus groffe part dans fes richeffes. C'eft au fils qui lui a le plus long-temps obéi qu'elle tranfmet fon domaine fur ce qui lui appartenoit : il a fait grace à fes autres enfants en leur en abandonnant une portion : elle leur fait juftice en les privant du refte.

Celle qui exclud totalement les collatéraux ne fe foutient pas moins dans cette même partie du monde. Que les *Turcs* l'aient tranfplantée avec eux du fond des *Palus Méotides*, & par conféquent de la *Tartu-*

rie, ou que la trouvant établie dans leurs conquêtes, ils l'aient adoptée, ce qui n'eſt pas moins probable, & n'en démontreroit pas moins l'ancienneté, il eſt ſûr qu'elle exiſte dans leur empire.

Quand un homme meurt ſans enfants mâles, c'eſt le *grand ſeigneur* qui ſe rend ſon héritier. Il s'eſt appliqué dans cette partie le droit attribué d'abord à l'eſclave dont les fonctions approchoient le plus de celles d'un fils. Ce changement eſt léger. Il n'influe que ſur l'application de la loi : mais il n'empêche pas qu'on n'en diſtingue très-bien l'eſprit.

Et au fond l'excluſion donnée aux collatéraux eſt peut-être un bien dans les vues d'une politique ſaine. D'abord, comme je l'ai fait voir ailleurs (*a*), les cas où elle ſe met en pratique doivent être très-rares dans un pays

––––––––––––––––––––––––––––––––

(*a*) Voyez le traité du plus heureux gouvernement.

où le divorce & la polygamie étant autorisés, il n'est guere possible qu'un homme meure sans postérité.

Ensuite elle est encore moins injuste. Naturellement les collatéraux ne devoient pas s'attendre à une succession indirecte. Dans le cours de la nature un homme doit avoir des enfants : s'il n'en a point, le prince en se mettant à la place de ceux qu'il auroit pu & dû avoir, ne fait aucun tort réel à des héritiers éloignés que la nature exclud, & que la politique peut très-bien se dispenser de rappeller. C'est l'indiscrétion que l'on a eue de les admettre parmi nous, qui a rendu les loix si compliquées en Europe, & qui a fait de la procédure un ulcere rongeur qui y détruit insensiblement tous les empires.

CHAPITRE XIV.

Des testaments. Raison de croire qu'on a été long-temps sans connoître l'usage de tester.

JOUIR de ses biens avec empire, commander despotiquement dans sa famille, devenir roi dans sa maison, se voir obéir sans réplique & sans murmure, être le but de tous les respects & de tous les hommages, c'est sans contredit un grand plaisir, & les premiers propriétaires durent le goûter dans toute son étendue.

Mais l'heure arrivoit enfin pour eux, comme pour nous, où il falloit se séparer de tous ces objets qui flattent si agréablement le cœur humain. Recevoir la vie, la donner, & la perdre, voilà les trois époques de l'existence de l'homme. C'est un grain qui se fane & se seche presque aussi-tôt qu'il a produit la tige deſtinée à réparer ſa perte.

A peine eſt-il né qu'il faut faire les préparatifs de ſa mort. L'inſtant où il ſe livre à un oubli voluptueux de ſa foibleſſe dans les bras d'une épouſe, celui où il preſſe avec attendriſſement dans les ſiens l'enfant à qui elle vient de donner le jour, ſuſpendent un peu ces idées funebres : mais ce n'eſt que pour les rendre bientôt plus vives & plus preſſantes. Dès-lors chaque moment le précipite vers le tombeau où il a déjà renfermé la cendre de ſes peres : tout l'avertit que ſes enfants ne tarderont pas à y mêler la ſienne.

C'eſt ſans doute une conſolation pour lui quand il reçoit leurs adieux, de penſer qu'ils ne ſeront pas malheureux dans ce monde qui s'anéantit pour lui. Une idée capable de diminuer ſes regrets, quand il les ſerre pour la derniere fois de ſes mains défaillantes ; c'eſt de ſe repréſenter qu'il leur laiſſe de quoi s'aſſu-

rer un fort tranquille : c'est de fe
flatter que les fervices qu'ils lui ont
rendus auront leur récompenfe, &
que les biens dont le gouvernement
a fait fa plus douce occupation, paffe-
ront aux objets les plus chéris de fon
cœur.

Mais au fond, c'est un intérêt éloigné qui ne peut pas le remuer bien
fortement. S'il fouhaite que ces biens
reftent à fa poftérité, c'est par l'effet
d'un fentiment étranger qui lui vient
d'ailleurs. La raifon femble lui con-
feiller de refter tranquille fur ce qu'ils
deviendront après lui, & d'abandonner aux loix qui lui en ont confirmé
la jouiffance pendant fa vie, le foin
d'en régler la propriété après fa mort.
Elle lui dit de ne pas s'embarraffer
de leur emploi, dès qu'il fent que fes
mains ne pourront plus les diriger.
Elle l'engage à s'épargner la peine
de manifefter en mourant, des intentions que fes yeux ne verront pas
accomplir.

Ce qui le touche, ce qui l'intéreffe

vivement, c'eſt qu'elles ſoient ſui-
vies avec ponctualité, quand il peut
être témoin lui-même de leur exécution : c'eſt que ce qu'il poſſede lui
ſoit inviolablement aſſuré, tant qu'il
eſt en état d'en faire uſage. Mais
que lui importe ce qu'on en fera,
quand il ne ſera plus ? Un ſonge peut
affecter l'ame avec force pendant la
nuit : mais doit-on s'inquiéter au moment du réveil, de ce que deviendront les fantômes qu'il fait éva-
nouir ?

Telle fut pendant long-temps la
regle de la conduite des hommes à
cet inſtant cruel où il falloit tout
abandonner. Aucun d'eux ne penſa à
réclamer contre l'hérédité aſſurée aux
enfants, où contre l'excluſion donnée
aux collatéraux. Ils vouloient reſter
maîtres abſolus pendant leur vie. Tant
qu'ils pouvoient jouir de leur empire,
ils en étoient jaloux, & le défendoient
avec vigueur ; mais ils ne s'épuiſoient
point en vains efforts pour prolonger
une puiſſance qui leur devenoit inuti-

le. Ils ne luttoient point avec la mort pour conferver un fceptre qu'elle leur arrachoit.

Ils n'exigeoient pas même qu'on leur fût gré d'une ceffion forcée. Ils n'y joignoient aucune marque de leur volonté. La loi leur défignoit des héritiers, &, comme on le voit par l'exemple d'Abraham, ils fe foumettoient à fes difpofitions. Ils ne s'attribuoient point le droit d'éluder ou de combattre fes ordonnances.

Ils fe regardoient comme des voyageurs, à qui il ne convient point de prétendre régler les rangs dans une ville dont ils font près de partir. Tous agiffoient comme ce prince, qui fans faire de choix entre fes courtifans, déclara qu'il laiffoit fa couronne au plus digne. Or, le plus digne à leurs yeux étoit celui que la loi avoit nommé.

Quand on auroit voulu dans ces commencements établir un autre ordre, il eft probable qu'on n'y auroit pas réuffi. Il y auroit eu trop d'intérêts à combattre , & des voix trop puiſſantes à étouffer : ce n'auroit été qu'au préjudice des vivants qu'il auroit été poſſible de donner aux morts la ſatisfaction de ſe ſurvivre à eux-mêmes ; & leurs dernieres diſpoſitions auroient paru caduques, parce qu'elles ſe feroient étendues à un avenir qui n'exiſtoit pas.

On avoit bien réduit les enfants à reſpecter la volonté d'un pere pré-ſent, & que l'autorité deſpotique dont il étoit.armé faiſoit paroître encore plus redoutable. Mais il eſt fort dou-teux qu'ils euſſent voulu continuer à la reconnoître , après avoir eux-mêmes couvert de terre le cadavre immobile de celui qui l'avoit exercée. Il n'eſt pas naturel de croire qu'ils euſſent attendu des ordres d'une bouche qui avoit ceſſé de s'ouvrir: il ne l'eſt pas davantage de penſer qu'ils ſe fuſſent ſoumis à un pouvoir ainſi étendu au delà de ſes bornes , à des commandements dont perſonne n'étoit autoriſé à réclamer l'exécution.

Chaque famille étant encore iſolée, & n'ayant qu'un rapport indirect avec les autres ; le principe propre à les incorporer toutes enſemble, c'eſt-à-dire, la ſouveraineté générale n'exiſtant pas ; l'écriture d'ailleurs n'étant point inventée, toute eſpece de facilité manquoit aux peres mourants pour exprimer leurs dernieres intentions d'une maniere durable, quand ils en auroient eu l'idée & le deſir. Ils n'auroient pu les confier qu'aux enfants mêmes qui les environnoient, c'eſt-à-dire, à des témoins intéreſſés à ſe diſpenſer de les ſuivre : & ceuxci ſe feroient-ils fait un ſcrupule de méconnoître des ordres dont l'exiſtence leur auroit paru incompatible avec la deſtruction de leus auteurs ?

Preſſés de jouir eux-mêmes, impatients de ſe trouver en poſſeſſion

d'une liberté si long-temps captivée,
il y a toute apparence qu'ils ne se
feroient pas vu tranquillement donner de nouveaux fers. Ils se feroient
récriés contre l'abus d'une propriété
chimérique qui auroit anéanti leurs
droits réels : ils auroient abjuré une
dépendance accablante, pouffée jufqu'à l'excès, & leur déférence pour
les intentions de leur pere se feroit
trouvé enfevelie comme lui fous la
pierre avec laquelle ils venoient de
fermer fa tombe.

Auffi dans ces premiers temps perfonne ne se hafarda à compromettre
le refpect filial avec des intérêts auffi
preffants, qui l'auroient probablement
étouffé. Un chef de famille se contentoit de jouir paifiblement de fon
domaine arbitraire en ce monde jufqu'au moment de le quitter. Alors
il le laiffoit échapper fans réferve,
comme une chofe qu'il ne pouvoit
plus retenir. La fucceffion des biens
particuliers étoit fujette à la loi que

l'on a depuis reftreinte à célle des couronnes. Le pouvoir du poffeffeur s'éteignoit avec lui, & la totalité de fes droits paffoit fans exception au vivant qui le remplaçoit.

CHAPITRE

CHAPITRE XV.

Que les testaments sont un raffinement de l'esprit de propriété.

AVEC le temps on imagina cependant de donner aux mourants une autre consolation que celle de penser que la propriété de leurs biens ne passeroit qu'aux mains qui les avoient déjà administrés sous leurs yeux. La foiblesse du cœur humain leur rendoit peut-être cette idée fâcheuse & importune. Si c'étoit une satisfaction pour eux d'être sûrs qu'ils alloient faire le bonheur des personnes qu'ils avoient le plus chéries, c'étoit aussi un désagrément d'entrevoir que le plaisir de les remplacer affoibliroit chez elles la douleur de les avoir perdus. Ils éprouvoient quelque peine en songeant qu'on recueilleroit leur héritage avec plus de joie que de reconnoissance, & que l'impossibilité

d'en difpofer leur ôtoit tout le mérite de la ceffion.

On fentit combien il feroit doux
pour eux de pouvoir changer cet abandon forcé en un tranfport volontaire.
On crut qu'il ne feroit pas mal de
mêler un peu d'inquiétude à la fécurité des héritiers directs. Ce que
leurs efpérances avoient d'affligeant,
quand rien ne pouvoit les fruftrer,
devenoit plus fupportable en les fuppofant foumifes au befoin d'une rati-
fication.

Ce n'étoit pas précifément qu'on fe
propofât de leur préférer des étrangers ; mais on n'étoit pas fâché de fe
trouver en droit de le faire. On devi-
noit bien que le pouvoir de les dépouiller rendroit leurs attentions plus
fuivies, tant qu'ils craindroient qu'on
n'en fît ufage, & leur gratitude plus
vive, quand ils feroient convaincus
qu'on l'auroit négligé.

Auffi après une longue fuite de
fiecles, quand une habitude conftante
de foumiffion eut bien familiarifé les

enfants avec le joug, & que l'obéiſ-
ſance fut, pour ainſi dire, devenue
leur façon d'être naturelle, les principes de la légiſlation qui les concer-
noit, changerent, ainſi que les diſpoſitions qui les avoient fait redouter.
On ſe permit de leur reprendre les
privileges que la politique leur avoit
accordés. On ne leur laiſſa plus que la
ſervitude, quand on crut qu'il n'étoit
plus beſoin de palliatif pour la leur
faire ſupporter, & le pouvoir paternel s'accrut aux dépens des prérogatives qu'on leur ôta.

Alors l'eſprit de propriété ſe re-
montra dans toute ſon étendue. Il
avoit paru céder quelque choſe à la
crainte, & ſe reſſerrer dans une condeſcendance intéreſſée. Il ſe remit
en poſſeſſion du peu de terrein qu'il
ſembloit avoir perdu. Il gagna même
à cette perte apparente. Ce fut pour
lui une nouvelle occaſion de ſignaler
ſon empire, & de faire voir à quel
point toutes les inſtitutions ſociales
lui étoient ſoumiſes, puiſqu'il en diſ-

poſoit à ſon gré, puiſqu'il les conſa-
croit, ou les anéantiſſoit ſuivant ſon
caprice.

Il révoqua cette eſpece de contrat
paſſé entre le chef de la famille &
ſes membres ; il caſſa ce marché
équitable qui donnoit un motif au
domaine de l'un, & un prix à la dé-
férence des autres. Il annulla cette
convention ſecondaire qui aſſuroit
au maître le ſervice de ſes ſujets, &
aux ſujets le droit de remplacer le
maître dans ſes poſſeſſions. Il rendit
aux parents la plénitude de puiſſance
que l'établiſſement du droit invariable
de ſuccéder avoit en quelque ſorte
affoiblie.

Pour cela il leur ſuppoſa une jouiſſance fictive que la mort elle-même
ne pouvoit interrompre, & dont l'effet duroit encore, après l'extinction
de ſa cauſe. Ce fut, pour me ſervir
des termes de l'école, un mode qui
ſubſiſta ſans ſujet. La propriété dès
ce moment ſurvécut au propriétaire,

comme on voit des voûtes se soutenir
en l'air, après qu'on a emporté les
cintres dont elles ont pris la courbu-
re. Un pere fut en droit de disposer
de ses biens, comme s'il avoit été
immortel. Il fut autorisé à s'arrêter
sur les degrés du tombeau, pour dicter de là des loix durables à ses descendants.

L'acte par lequel on fit usage de
cette propriété illusoire fut ce qu'on
appella un *testament*. Ceux mêmes
que cette révolution lésoit, n'oserent
en murmurer quand elle eut lieu. La
législation étoit nécessairement trop
bien établie pour ne pas rendre leurs
plaintes inutiles. Ils furent contraints
d'envisager, avec une douleur muette,
leurs espérances reculées ou plutôt détruites. Elles perdirent la seule espece
de certitude qui pût leur donner quelque prix. Ils n'eurent plus désormais
de prétentions que celles qu'ils tinrent
de la bonté du despote, & leur dépendance, à laquelle on avoit semblé

vouloir apporter quelque adouciſſe-
ment, fut rétablie dans toute ſa rigueur.

CHAPITRE XVI.

Ridicule raiſon qu'apporte Leibnitz pour juſtifier la faculté de teſter, accordée aux propriétaires. Que cette faculté fut ſans bornes dans l'origine.

L'ÉTABLISSEMENT de la faculté de teſter, la prolongation indéfinie de la puiſſance paternelle, étoit ſans con-tredit une breche faite au droit des enfants : mais c'étoit une ſuite de celui des peres. Le plus ancien devoit avoir la préférence, ſuivant les principes fondamentaux de la ſociété, depuis ſon érection. Si ce fut un malheur pour les uns, il faut avouer que ce fut un bien pour les autres, & même un bien général pour toutes les familles. L'ordre & la paix y furent affermis, en proportion de ce que le pouvoir qui les régiſſoit devint plus étendu, & les abus particuliers qui en furent les fruits ne ſont point comparables à l'avantage univerſel qui en réſulta

Cette innovation adoptée depuis, confirmée par les loix de pluſieurs peuples, n'avoit pas beſoin ſans doute d'un autre appui. Elle devenoit ſacrée comme ſon principe par ſon exiſtence même. Dès que la ſociété avoit eu aſſez de pouvoir pour transformer l'uſurpation violente en une jouiſſance reſpectable, & faire de quelques particuliers injuſtes, les maîtres légitimes de tous les autres, elle pouvoit bien auſſi étendre à l'infini la propriété qu'elle leur conféroit. Rien ne l'empêchoit d'attribuer des effets réels à une poſſeſſion imaginaire, & d'ordonner que des droits tranſmis par un mort ſeroient auſſi ſolides que ceux mêmes des vivants. La politique qui introduiſoit cette manœu-

vre fuffifoit feule pour l'autorifer. Il
n'étoit pas néceffaire d'en aller chercher la juftification dans la métaphy-
fique. On auroit pu fe paffer d'attacher la validité d'un teftament à la
nature de l'ame du teftateur.

C'eft pourtant ce qu'a fait un philofophe *Allemand*. *Leibnitz*, dans un
traité compofé exprès pour éclaircir
la jurifprudence, débite, avec beaucoup de gravité, que la vraie raifon
qui fait valider les teftaments, c'eft
que nos ames font immortelles, fans
quoi ils feroient de nul effet : *mais
comme les morts*, dit-il, *vivent encore
effectivement, ils demeurent toujours
maîtres de leurs biens : de forte que les
héritiers qu'ils laiffent doivent être re-
gardés fimplement comme des procureurs
chargés de leurs affaires* (a).

D'après ce fyftême, *Leibnitz* n'a
pas été affez loin. Si les morts,
comme il le dit, demeurent toujours

(a) Voyez *nova methodus jurifprudentiæ*.

maîtres de leurs biens, il s'enfuit qu'*Adam* à qui tous rapportent leur origine, eft le feul véritable propriétaire de ce bas monde. Nos peres n'ont été, nous ne fommes, & nos enfants ne feront que fes intendants, fes fondés de procuration. Il faut avouer que s'il lui prend quelquefois envie d'examiner la maniere dont on fait valoir fes domaines, il n'a pas toujours lieu d'être fatisfait de fes agents.

Il faut avouer encore que ce fera pour lui au dernier jour une opération pénible que l'appurement des comptes de tous fes régiffeurs. Chacun en ayant à recevoir & à rendre, chacun ayant été tour-à-tour mandataire & mandant, en vertu de la procuration primitive ; les premiers patriarches feront toujours garants envers lui de l'adminiftration de leurs repréfentants jufqu'à la fin des fiecles : il y aura par conféquent bien peu de fes enfants, à qui l'auteur du genre humain ne puiffe faire de procès.

Parlons de chofes plus férieufes. Quand la faculté de tefter s'introduifit dans la légiflation, elle dut y être fans bornes, comme la puiffance paternelle, dont elle n'étoit, pour ainfi dire, que le fupplément. Par les loix fondamentales de la fociété, le droit des enfants aux fucceffions ne pouvoit venir de la nature : par une fuite de ces mêmes loix, la propriété des peres n'étant plus interrompue, même par la mort, conferva fon caractere dans l'ufage qu'ils en firent.

Elle dut être libre, abfolue, indépendante, dans la diftribution des biens qu'ils laiffoient, comme elle l'avoit été dans leur jouiffance. Ils durent être autorifés à fe choifir arbitrairement un ou plufieurs héritiers, à admettre leurs propres fils au partage de la fucceffion, ou à les en exclure, comme ils l'étoient de les conferver dans leur maifon, ou de les en chaffer.

C'eft auffi ce qui arriva. Ils difpoferent de leurs biens par teſtament, avec le même deſpotiſme qu'ils les avoient gouvernés pendant leur vie. Il ne fut plus permis de changer, ni même d'éluder leurs dernieres volontés. L'écriture, dont la découverte dut certainement concourir avec l'introduction de cette nouvelle juriſprudence, facilita le moyen de les manifeſter, & de les conſerver de maniere qu'on ne put les méconnoître. L'acte qui les contenoit devint ſacré comme les tombeaux. La rebellion aux volontés des morts, ou la profanation de leurs cendres parurent deux attentats également odieux.

Ces principes ſubſiſtent encore dans toute l'*Aſie*, où ils dirigent même la ſucceſſion des trônes. Ce ne ſont pas ſeulement les particuliers qui ſont maîtres de nommer leurs ſucceſſeurs : les *rois* ont le même privilege (*b*).

____

(*b*) Voyez la deſcription de la Chine du pere Duhalde, t. 2, p. 11, & tous les auteurs qui ont parlé du gouvernement de l'Aſie.

C'eſt la volonté du pere , & non
l'ordre de la naiſſance qui donne un
prince à la nation, comme un maître
à la moindre métairie ; & chacun
dans ſon genre tire de ſa jouiſſance
actuelle un titre pour décider à qui
elle doit paſſer après lui.

Les *loix Romaines* faites pour une
république jalouſe à l'excès de ſon
indépendance , & dont la liberté
étoit l'idole , conſacrerent ces mêmes
maximes , que nous croyons eſſen-
tiellement & inſéparablement attachées à l'exiſtence du pouvoir arbitraire. Les *douze tables* déciderent
que la volonté du pere ſeroit une
regle inviolable pour le partage de
ſes biens, & cette déciſion étoit con-
ſéquente.

Ces tables confirmoient aux peres
le droit de vie & de mort que leur
avoit conféré *Romulus* ſur leurs enfants : elles devoient donc l'étendre
juſqu'aux poſſeſſions. Pour peu qu'elles
donnaſſent la liberté d'y toucher,
elles n'y pouvoient mettre de bor-

nes. Une puissance indéfinie sur les biens, étoit la suite nécessaire d'un pouvoir indéfini sur les personnes. Il n'étoit pas possible de priver du droit de déshériter son fils, celui à qui on permettoit de le vendre, & de le tuer.

Le seul cas où cette privation pouvoit avoir lieu, étoit celui où, ainsi que je l'ai dit des commencements de la société, on auroit regardé la mort comme la cessation de la jouissance, & la fin de toute autorité : alors on ne choquoit point la raison, en disposant sans le consentement du défunt de ce qui lui avoit appartenu. On ne lui faisoit aucun tort en réglant sans lui le sort des biens sur lesquels il n'avoit plus de droit. Il ne pouvoit réclamer contre la loi qui lui assignoit des héritiers sans lui permettre de les choisir.

Mais dès l'instant qu'en fermant les yeux il ne perdoit pas toute espece de pouvoir ; du moment que sa propriété vivoit encore après lui, &

qu'on lui accordoit la prérogative de la tranfmettre à volonté, par un acte qui n'avoit fon effet que quand lui-même n'étoit plus, il y auroit eu de la contradiction à indiquer des limites à l'exercice d'une puiffance dont la nature étoit de n'en point reconnoître. La borner, c'étoit la dégrader : la reftreindre, c'étoit la détruire. Qu'elle fût exercée par un mort, ou par un vivant, fon effence confiftoit dans une entiere liberté. Il falloit ou ne point l'étendre au delà du tombeau, ou lui laiffer toute la force qu'elle avoit en deçà.

Fin du tome fecond.

TABLE
DES CHAPITRES

CONTENUS DANS CE VOLUME.

LIVRE SECOND.

Du développement des loix relativement au *mariage*.

voquer

Tome II.   O

TABLE

LIVRE TROISIEME.

Du développement des loix relativement à l'ordre intérieur des familles, & à la transmission des biens par succession, ou par testament.

TABLE

Fin de la table du tome second.

www.ingramcontent.com/pod-product-compliance
Lightning Source LLC
LaVergne TN
LVHW021526170726
843501LV00004B/983